本书是河北省社科基金项目“基于教师职业理解的师范生师德养成教育研究”（批准号：HB18JY063）、河北省高等教育教学改革研究与实践项目“以课程思政提升乡村校长培训实效性的研究与实践”（课题序号：2021GJJG531）的最终成果；河北省课程思政示范课程“乡村振兴与校长使命”、河北省教育科学“十四五”规划重点资助课题“乡村振兴背景下乡村小学校长培训方案设计研究”（立项编号：2202007）的阶段性成果。

我在乡村小学当校长

张媛媛　张立新　编著

河北大学出版社
·保定·

WO ZAI XIANGCUN XIAOXUE DANG XIAOZHANG
我在乡村小学当校长

出 版 人：朱文富
责任编辑：刘梦茜
装帧设计：张彦琪
责任校对：兰彩虹
责任印制：常 凯

图书在版编目（CIP）数据

我在乡村小学当校长 / 张媛媛，张立新编著 . -- 保定：河北大学出版社，2023.9
ISBN 978-7-5666-2223-5

Ⅰ . ①我… Ⅱ . ①张… ②张… Ⅲ . ①农村学校 – 小学 – 校长 – 学校管理 – 经验 Ⅳ . ① G627.1

中国国家版本馆 CIP 数据核字 (2023) 第 160530 号

出版发行：河北大学出版社
地址：河北省保定市七一东路 2666 号 邮编：071000
电话：0312-5073019 0312-5073029
邮箱：hbdxcbs818@163.com 网址：www.hbdxcbs.com
经 销：全国新华书店
印 刷：保定市北方胶印有限公司
幅面尺寸：170 mm × 240 mm
印 张：10.5
字 数：160 千字
版 次：2023 年 9 月第 1 版
印 次：2023 年 9 月第 1 次印刷
书 号：ISBN 978-7-5666-2223-5
定 价：62.00 元

乡村好校长的模样

好校长和好学校一样，不应是同一个模样。但不同的好校长也应有一些共同的内在特质，由此形成好校长的群体模样。这个模样就像各行各业中有各种名家，如名作家、名企业家、名演员、名医、名师的模样一样，不是停留在人们的口头上，而是种植于人们的心中。那乡村好校长的模样是什么样的呢？

我很荣幸参与了河北民族师范学院组织实施的多期乡村骨干校长培训班，走近河北省乡村小学校长群体，在与他们的对话中，在河北省乡村小学的校园里，我听到、也看到很多校长的创新工作让乡村孩子的年少时光变得丰富多彩，他们让留守儿童体会到爱和温暖，他们让乡村教师感受到责任和希望，他们让大家看到了乡村教育的无限可能。我反复阅读了张媛媛博士主编的《我在乡村小学当校长》一书，认真倾听了乡村好校长的心声。尽管各位校长有着各自不同的生活和工作经历，但无一例外都充满着对教育事业的深厚情怀，都有着对乡村教育规律的理智研判及对儿童发展需求的深刻洞察，都有在基层岗位上肯干实干、创新实践的勇气与担当。从他们身上我看到了乡村好校长共同的模样。

一、心中有爱：拥有扎根乡土的教育情怀

走近乡村学校的优秀校长们，我首先感受到的是他们身上扎根乡土的教育情怀。他们心怀大爱，不忘初心使命，身体力行地致力于用教育服务乡村振兴的伟大事业。如保定市莲池区焦庄乡青堡小学校长张然，她是一位乡愁的守望者，是一位乡村儿童成长的引路人。她对家乡对学校的一草一木、一砖一瓦都有剪不断的热爱，她用勇气与智慧让青堡小学在她手上“起死回生”，把这所

学校、这个乡村的记忆保留下来。如邢台市南和区东三召中心实验学校校长柴庆云，从一名民办教师到正式教师，从教师到校长，扎根乡村教育 40 多年，见证了他的成长，而他所经历的乡村教育变迁，正是祖国教育事业由小到大、由大到强的缩影。如邯郸市冀南新区小狼营小学校长房永强，一位年轻的 80 后校长，曾被分配到最偏远的山区，在事业顺风顺水时又被调动到只有 9 名学生的学校担任校长，无论他面对的是怎样陌生、艰苦的环境，总能保持乐观、进取的态度，带着十足的热情干工作，带着乡村里的孩子一起描绘梦想、追求卓越。

情怀是什么？是一种热爱，甚至是一种痴迷，更是一种自觉的行动意识，是渗透于办学过程中的支撑乡村校长克服艰难险阻、躬身乡村教育改革的精神力量。他们耕耘于乡村土地所铸就的教育情怀，影响和带动了一群乡村教师，突破外在环境的藩篱，将全部的热情投入到教育教学中去培育好每一位学生，办好每一所学校。他们让乡村的小孩更自信，更有力量，他们守好了中国乡土文化的“根”，留住中华民族文化的“魂”。

二、眼中有光：拥有勤学笃行的谦逊人格

走近乡村学校的优秀校长们，我的第二个感受是他们个个都是勤奋的学习者，也是笃定的行动者。作为一名乡村小学校长，忙碌是生活的常态。村子虽然小，但事情一点儿都不少。工作千头万绪，好校长总能把有限的时间和精力用在最重要的事情上。如沧州市献县八里庄中心校王保健校长，一位体育老师出身的乡村小学校长，当了校长以后，他将学电脑和看书作为自己的业余爱好，把书放在办公桌上、车上、沙发上，只要有时间，就抓紧读一会儿。如衡水市武邑县清秀小学葛国锋校长，为了改善乡村学校孩子们的伙食，他跟开馒头铺的亲戚学和面，他是管学校的“葛校长”，是和面的“葛师傅”，也是修水电的“葛工”，他不断学习，让自己成为全才，为的是不放弃任何一个让乡村学校变好的机会。如承德市兴隆县南天门小学白晓军校长，他善于通过发展教师来发展学校，提出了“一学、二扬、三树、四培、五请”教师队伍建设新路径，优秀的教师资源给南天门小学的发展带来无限生机。

我所看到的优秀乡村校长，是勤学笃行、苦干实干的老黄牛。他们个个自带光源，无论这个世界有多么浮躁，总能在乱花渐欲处保持目光清澄，于喧嚣之中沐浴晨钟暮鼓，心怀感恩在行走中释放光彩，点燃自身的光源，去照亮别人，去创造美好。他们向老师学习，向书本学习，向儿童学习，通过自身不断努力来丰富阅历、提升境界、拓宽视野，从而扩充光源增加能量，以最好的生命状态去感染更多人。他们自己学习，更鼓励教师学习，将学到的一点一滴，汇聚成改变乡村学校的璀璨光芒。他们将所学知识应用到实践中，这样才能实现贴着儿童办学，面向未来育人，创造乡村教育的美好明天。

三、肩上有责：拥有开拓创新的专业才能

走近乡村学校的优秀校长们，我的第三个感受是他们个个都是魔术师，能够不断打破自身的能力边界，仿佛能达到无中生有的境界。如张家口市怀来县东花园镇董庄子中心学校王海龙校长，吸收幼儿家长来参与共建附属幼儿园，通过系统的培训让这支“杂牌军”达标乃至卓越。如唐山市乐亭县乐亭镇育才小学安树凤校长，带着孩子们一起劳动、一起收获，让校园里瓜果飘香。如衡水市故城县建国镇要庄小学王志超校长针对留守儿童、单亲儿童问题，提出做有根的教育。如辛集市新城民族学校薛志峰校长，提出依托育人导师预防寄宿制学校校园欺凌问题，导育结合化解学生心理健康问题。校长们既能直面乡村办学的难题，又能发挥乡村办学的优势，通过优化学校内部管理、开发学校外部资源来谋划改革和探索创新，办成了一所又一所有品位的乡村小学。

优秀校长的专业才能，体现在他们能勇担重任，知难而进，真抓实干，攻坚破难，遵循教育规律，遵循孩子身心发展规律，让教育回归常识，回归本源。他们以学校的发展为己任，引导教师做个性化的教育，尽职尽责办出孩子们喜欢的学校。这既是对校长自身价值的实现，又是校长对事业的一种负责与担当。

乡村好校长共同的模样，是对乡村教育的热爱，是对乡村教育未来的希望，是在自己的岗位上踔厉奋发、笃行不怠。我相信优秀校长们将在全面推进乡村振兴的进程中，把乡村教育的潜在优势发挥出来，实现基于乡村场景的育

人方式变革，培养会学习、善合作、能创造的乡村师生，以振兴乡村教育服务于乡村振兴。通过改变一所所学校来改变一个个乡村，通过改变一个个乡村来推动整个社会的进步已然成为乡村校长的使命。

张媛媛博士主编的这本《我在乡村小学当校长》可谓是乡村好校长模样的一个速写，值得乡村教育工作者、乡村教育研究者以及关心乡村发展的朋友读一读、品一品，相信大家与我一样，从这一群质朴的同人身上，从他们创造性的乡村教育实践中，看到力量和希望。当然，对乡村校长们遇到的难题，大家也应该集思广益，为他们出点子，找路子，大家一起为乡村校长赋能，便是为乡村教育振兴贡献力量。

以上仅是我个人仔细阅读全书的一点感受和体会，诚与同人共同学习和交流心得，是为序。

蒋守成

2023 年 9 月 10 日

目　　录

乡村校长的初心与使命

40 多年的扎根与见证

我叫柴庆云，现任河北省邢台市南和区东三召中心实验学校校长。1982年高中毕业后，循着“无论身居何处，都将自己的青春和热血奉献给教育事业”的誓言，我登上讲台，到如今已经在教育这片净土上耕耘了 40 多个春秋。

40 多年来，我坚守在农村教育这块阵地上，回首我的教育生涯，岁月见证了我的成长，也见证了乡村教育的巨变。

1982 年 9 月，17 岁的我高中毕业后到河北省南和县东三召乡北大召学校做了一名民办教师。当时的教学条件相当艰苦，学生自己搬着凳子趴在腿上写字，教室里没有黑板，我就和其他老师用纤维板刷上墨汁当黑板，教室没有门窗，就用旧塑料布代替……工作的艰辛并没有换来等价的酬劳，拿着每个月仅有的 16 元民办教师补贴，好多亲朋好友劝我不如离开学校去做生意，尽管辛苦一点，但总能养家糊口呀。朋友们的好意都被我婉言谢绝了，短短的教师生涯已经让我深深感觉到农村的孩子离不开我们，农村教育更需要我们坚守。

1984 年 3 月，北大召学校分成了前东、前西、后东、后西、后中 5 个学校，我开始担任前东学校校长。由于村集体经济力量薄弱，前东学校连固定校舍都没有，一直靠借用村民的民房上课，我自己的房子也在借用之列。民房闲置时可以借给学校用，被使用时学校就要搬家，今年在张三家，明年又搬到李四家，教育工作打起了“游击战”，这样的“游击战”一打就是 15 年。我们那个年代的人，可能生来就有一种不屈服的犟劲儿，再艰苦的环境也击退不了我们，清贫的生活反而让我们冷静和坚定。1988 年，在全县教育系统补充自然减员考试中，我以数学成绩第一、总分第二的成绩转为国办教师，我把这当成是贫瘠环境中最富饶的慰藉，也更加坚定了我坚守乡村教育的初心。

1999 年 9 月，我和学校的两位教师自筹资金 10 万元，占用我自己的责任田，建起了新校舍。有了新校舍，北大召的 5 个学校又合在了一起，我们几个人，为北大召的教育撑起了一片蓝天。有了新校舍，我更是把身心全部投入到教学与学校管理中。

2006 年春季，我因意外事故造成腰椎 1 节压缩性骨折，由于伤势严重，我接受手术治疗。出院后，医生建议卧床休养，观察病情。而正在此时，出现了“进城热、择校热”的现象，一些学生家长盲目追从，不惜重金托门路、找关系，把自己的孩子转到县城的学校或一些私立学校就读，农村学校正面临着学生流失的严峻考验。考虑到以上因素，从省城医院回来，我没有回家，而是直接住进了学校，尽管身体不能久站，但我仍可以亲自处理学校事情，指导教师搞好学校工作，鼓励教师做好学生及家长思想工作，减少负面影响，最大限度地减少学生流失。我的工作取得了满意的效果，在那股择校热的浪潮中，我们的北大召学校没受到严重冲击。

2006 年 9 月，县政府投资 120 万元，建筑面积 1688 平方米、占地面积 1 万平方米的新校园竣工。我们搬进了宽敞明亮的教学楼，学生们用上了崭新的木质课桌凳（原来用的是水泥板）。硬件条件改善了，我的干劲更大了，我和爱人商量后干脆住进了学校，以校为家，工作日忙于学校事务，周末在学校拆拆安安、修修补补，干些杂活。除了到学区参加会议或者有特殊情况一般不离开学校，甚至有几次在校一住就是半个多月。我的亲戚邻居都开玩笑说“柴校长给‘校’住了”，我的朋友更是用异样的语气说“啥时间找你，你肯定都是在学校”。确实如此，住在学校，减少路上通勤时间，就能腾出更多的时间与学生、家长交流，抽出更多的精力用于处理学校事务，积攒更多的时间钻研教学、思考学校的管理和发展。时光流逝，岁月如梭，就这样一晃又是 14 年。

14 年的砥砺奋进，我见证了学校教育事业日新月异的变化和发展，真是看在眼里，喜在心间。14 年来，学校硬件设备逐步得到完善，先后建起了多个教学功能教室，科学实验、微机、图书阅览、音乐、美术、体育器材等专用教室先后建起，为学生提供了丰富多彩的第二课堂活动，极大地满足了日常教学的需求。塑胶操场和 200 米环形跑道也投入了使用，进一步缩小了乡村教育与城市教育的硬件差距，特别是 2015 年以后，学校各个班级均安装了多媒体交互一体机，大大改善了办学条件。

2020 年 9 月，因工作需要，我被调到南和区东三召中心实验学校任校长，同年 11 月，我有幸参加了“河北省困难地区农村校长素养提升工程”培训班，聆听了专家教授的教诲，分享了省内各优秀校长的管理经验，与同期培训的各位校长交流学习，我的办学理念、管理艺术、自身素养都有了新的提升。2021 年度，我校一举扭转了农村学校招生难的被动局面，教学教研、校园文化、师生品德修养等各项工作都取得了很大成绩。

过去的这 40 多年，见证了我的成长，从一名民办教师到正式教师，从教师到校长，多次被评为县级模范教师、优秀教师、优秀校长，多次荣获县委、县政府嘉奖、记功等奖励。我的学生遍布全国各地，在各自的岗位上为祖国做着贡献。过去的 40 多年，见证了我所在学校的成长，学校先后被授予邢台市标准化小学、管理规范化先进学校、民主评议满意学校、校园文化建设先进单位、德育工作先进单位等荣誉称号。过去的 40 多年，我亲身经历了教育事业由小到大、由大又到强的变迁，见证了祖国乡村教育事业的发展历程。

党的十一届三中全会以后，尊重知识、尊重人才蔚然成风，农村教育得到了长足发展。1986 年《中华人民共和国义务教育法》的颁布实施，使教育进入了又一个新阶段。随着一系列政策的实施，我们农村教育先后经历九年义务教育普及验收、义务教育普及提高复查验收、农村义务教育改造薄弱学校办学条件、农村义务教育均衡发展和农村义务教育优质均衡发展，再到党的十九大报告中提出的推动城乡义务教育一体化发展，高度重视农村义务教育，努力让每个孩子都能享有公平而有质量的教育等几个阶段，国家出台的这些教育政策是学校发展的不竭动力。国家的宏观大政策，正改变着乡村的微观教育，它改变的不仅仅是校园的外部环境、硬件设施，更重要的是改变了教师的思想观念。农村教育从住着小草房、烤着小火炉、中午带饭盒、啃着凉馒头、几十里路上下班靠双脚、上课一块黑板、一支粉笔，到现在有宽敞明亮、集中供暖的大教室，每个班级都配备了电子白板，交互式教学设备，学生社团配备功能教室。城里学校有的，农村学校都有，农村孩子和城里孩子一样，享受着先进的教育设施和条件。与此同时，学校的师资队伍也由当年的力量匮乏、素质低下、观念陈旧发展成现在的师德高尚、业务精湛、专业化、正规化。农村教育真的发生了翻天覆地的变化！

捧着一颗心来，不带半根草去，这是著名教育家陶行知先生一生献身于教育事业的真实写照，也是我奋斗在教育战线几十年的座右铭。老骥伏枥，壮心不已。我依然初心不变，始终站在教育这一块精神高地上，守望着我的理想，守望着那个美丽的乡村教育梦，谱写着一曲平凡而卓越的人生乐章。

（柴庆云，邢台市南和区东三召中心实验学校校长）

做农村教育的守望者

我是张然，从 2012 年 2 月任保定市莲池区焦庄乡青堡小学校长，到 2022 年恰好 10 周年。

2015 年以前，青堡小学是一所硬件设施落后，教学条件非常差的学校。冬天冷到不行才会供暖，教室的地上都结了冰，窗户上没有几扇玻璃是完整的，靠老师们自己动手钉上的报纸和塑料布挡风。因为学校西墙外面是一个大垃圾坑，到了夏天，一下雨校园里到处是污水，臭味熏天，苍蝇蚊子到处飞，老师和同学们都蹚着脏水进出校门。有条件的家庭都会把孩子送到条件好的学校上学，有的老师也会把自己的孩子送到市区去上学，来青堡小学读书成了青堡村民和青堡小学教师迫不得已的选择。学校生源不稳定，教师流失严重，被分配到这里的青年教师纷纷离开这所不被村民认可，几乎被上级政府领导遗忘的农村学校，学校只剩下中老年教师守着，青堡小学处于非常被动更难以谈发展的困境。

我被家长们戏称为青堡小学的“末代皇帝”。在上任之初，我也清楚地知道自己作为校长的责任，就是按照上级要求将学校撤并，因为我们学校就在合并计划之内。但是眼看着学校被合并又很不情愿，因为我从一毕业就来到了这所学校，而且这是我家乡的学校，我对这里的一草一木、一砖一瓦都有剪不断的情感。我想让青堡小学在我手上“起死回生”，把这所学校、这个乡村的记忆保留下来。当我把转变学校现状的想法在会议上提出时，老主任就泼了一盆冷水：“冬天换个锅炉还现实点，盖教学楼不可能的！”老师们则用沉默不语来表达冷漠和绝望，校内的第一次会议不欢而散。老师们的沉默更是激起我改变学校现状的想法，倔强和不服让我一次次找到村委会，想借助村委会的力量改善教学条件，提高教育教学水平，可是书记、村主任刚刚上任，虽然在态度上支持，但是拿不出钱来。我就拉上书记、村主任一起找到文教局，一次又一次，细数学校办学困境，表达把这所乡村小学办出个样子的决心。这条路很艰难，但我确信这是能够改变学校命运的正确道路，我决定义无反顾走下去。

只要努力，就会有希望。我们终于争取到了市里的专项资金，学校的第一座教学楼在 2014 年 6 月开工了！开工那天，村民们都涌到了开工现场，我和老师们激动地落泪，因为我们看到了青堡小学的希望。2015 年 6 月，我们搬进了新教学楼；2015 年 11 月，我校北教学楼也开工建设，2016 年 9 月竣工。随即，学校操场人工草皮和塑胶跑道投入使用；学校安装了新风系统，还安装了大型净水设备，每间教室里都有交互式电子白板。两座教学楼里我们设有美术教室、音乐舞蹈教室、书法教室、室内训练室、大型报告厅等。

3 年间，上级部门下拨资金 1000 多万，在上级政府和领导的支持帮助下，我们已将一所破旧落后的学校扩建成了一所外观崭新漂亮，内部设施齐全，拥有两座崭新教学楼，设备先进的现代化小学。3 年间，我周末在工地上与工人探讨建设思路，帮助协调因施工而受到影响的村民，动员村里搬迁了七户宅基地和民宅，处理村民与学校占地纠纷数十起，学校扩建面积达 2300 平方米。学校有施工，校园安全时刻不敢掉以轻心，每天我第一个走进学校，嘱咐好施工方要安全施工，放学我最后一个走出校园，看着学生们平安离开。功夫不负有心人，在学校建设的 3 年中，工人学生无一安全事故。家长们不再背后说我是“末代皇帝”，开始当面喊我“民工校长”。3 年中，周六日我在学校，寒暑假在学校，我目睹学校建设的一点一滴，见证了学校的蜕变。我们用 3 年的时间，不仅摘掉了落后的帽子，还把学校建设成农村学校的标杆，每周都有来学校参观的教育同行，对学校的建设和文化布置都赞不绝口。

办学的根本是教育教学质量的提升，在学校基础设施条件得到很大提升的同时，我没有忽略学校的内部管理和教师的专业成长。优化学校内部管理从提高自身教育素养、管理水平开始，我自费参加教育管理培训班，利用假期多次到北京的十一学校、润丰学校、清华附小参观学习。我开始频繁走进课堂，通过了解学生的学习状态来帮助教师诊断教学。每学期组织开展各种教研活动，通过团队学习来提升教师的教学水平。

经过几年的努力，教师们的教育理念大大提升了，教学水平和成绩也有很大提高。2014 年我校教导主任执教的语文课获得全区一等奖，在我区的同课异构比赛中，我校也一举夺得全区一等奖，学校被南市区评为教改先进学校。在莲池区第一届教师业务大比武中，我校教师齐心协力，顶着众多名校参与的压力，派出的三名参赛教师中，英语教师获莲池区一等奖，并向全区做了汇报课，语文教师获全区二等奖，思品教师获得全区一等奖。我校还多次代表焦庄乡接受上级的教学评估，获得领导们的一致好评。现在，村民们不再把孩子送到市区的名校，还会去动员亲戚家的孩子来我校上学，每学期都有从市区学校转来的学生，老师们自己的孩子也从市区转回来了，周边的村子、小区的孩子也想把孩子送到我们学校。青堡小学的这种转变，我带领老师们用了 5 年时间。

在建设学校的几年里，我没有一次外出旅游，没有完整地休过一个假期，自己孩子中考时都没能陪在她身边。但是，因为我的付出，让农村的孩子们不再羡慕城里的孩子，因为我们的硬件设施不比市区差，甚至很多方面我们都好过市区学校；因为我的付出，换来了学校教学质量的大大提升，我也是一名从农村走出来的农村娃，现在能有机会为农村教育出把力，让我感到每一天都过得充实而又踏实。

家长们送来的锦旗和口中的赞美，并没有让我感到满足。今后学校的发展还有很长的路要走，教育这条路永无尽头。我们学校的老师们此刻已经登上了去往山东学习的列车，教学条件的不断改善，教育教学质量的不断提升，让我开始思考学校发展的第二阶段，如何将农村教育做强做大。农村学校有着城市学校不可比拟的广阔天地，依托京津冀一体的区位优势，把教育专家请进学校，同保定名校河北小学成立河北小学教育集团，10 年间，我们从一所破落的将被合并的学校，华丽转身成为一所坐落在农村的热门学校，我和我的团队始终相信：越努力，越幸运。农村教育大有可为，只要坚守，只要创造，就有希望！

（张然，原河北省保定市莲池区焦庄乡青堡小学校长）

喊破嗓子，不如做出样子

我 1987 年从承德师范毕业参加工作，1991 年入党，2008 年担任南天门小学校长，10 多年来，南天门小学发生了质的变化：办学条件明显改善，师资队伍素质显著提高，师生幸福指数大幅提升。

一、喊破嗓子，不如做出样子

2008 年学区合并，我被任命为兴隆县挂兰峪学区南天门小学支部书记、校长。可以说受命于危难之中。一座危楼，下雨的时候教室里成了“水帘洞”；一堆散了架的桌椅根本没法用；高低不平的校内道路书写着数不尽的荒凉……我和我的一班人马，开始了艰难的建校历程。

说起来容易做起来难，说不尽其间多少风风雨雨！学校小，办学经费严重不足，为了省钱，学校的许多工作，我和老师们利用休息时间，能干的都自己干。2010 年，教师楼加固，学校要搬迁，楼内东西都要搬出来，而这所有的工作，都是我带领教师们一起干，没有找过一个小工。2010 年 7 月 11 日，安装新桌椅 150 套，我和老师们从早晨 5 点一直忙到子夜 12 点，我们看到早晨鲜红的太阳，从草丛里升起，又看到夜里星星在树梢上眨着眼睛。太阳笑，星星笑，活儿干完了，我们一起跟着笑。2011 年暑假，我带领教师们平整操场，正赶上三伏天，我中暑差点昏了过去，但我依然坚持着。

2012 年 2 月 18 日，是南天门小学全校师生不会忘记的日子，极冷的天气，夜间暖气结冰，整座教学楼 45 组暖气全部冻裂。还有 4 天就要开学了，怎么办？为了保护学校的财产，为了学校教学工作顺利进行，我带领教师迅速投入抢修暖气的战斗中：你卸，我抬，他烤，你装……在全体老师一起努力下，保证了开学正常供暖，使学校的各项工作在开学初顺利进行。但由于劳累与着急，我眼疼得厉害，抱着脑袋，在床上打滚，家里租车连夜到兴隆，又转院到北京，好长时间才治好。

2012 年，我筹划盖宿舍楼，为了使校园整齐，需要征用 1 亩多果田，这项工作乡里只出 2.7 万元，多余的钱学校自己想办法。1 亩多地，全种着栗子树啊，许多人都劝我说："最少也得 8 万呀，乡里就是不想花这笔钱，你就别管了。"为了学校，为了孩子，我得试试。一亩多地，树却是五家的，为了征用土地，我磨破了嘴，跑断了腿，最后以 6.7 万元达成协议，自己借了 4 万元补给了农户。宿舍楼的建设如期开工、建成，一栋崭新的宿舍楼"崛起"了，看着美丽的宿舍楼，我笑了，只有我知道，这笑容里的苦涩。

多年来，我千方百计，千辛万苦，更换了全部桌椅，添置了教学仪器和现代化教学设施，做了楼房防水，加固了教学楼，平整了操场，建了宿舍楼，美化了校园。我常跟人说："喊破嗓子，不如做出样子。"我想，我做到了。

二、问渠哪得清如许，为有源头活水来

我深知：教学工作是学校一切工作的中心，而教师是教学工作的主力军。建设一支高素质的教师队伍，是办好一所农村小学校的关键。加强教师队伍建设，提高教师的整体素质，始终是学校工作的重心。"让每一位孩子获得发展，让每一名教师获得成功，让每一位家长获得满意"是我们这所小学校的办学理念。为进一步提升学校教师教育教学能力，努力造就一支师德高尚、素质全面、业务精湛、充满活力的教师队伍，推动学校教育内涵、质量整体提升，我根据南天门小学实际，制订了具体的实施方案，并逐步实施。

"一学、二扬、三树、四培、五请"是我们的教师队伍建设路径。"一学"是我带头通过继续教育学习和自学，不断丰富知识，提高教育教学理论水平。"二扬"是大力表扬在教育教学工作中取得突出成绩的教师，在学校内部创设一种"教师光荣，榜样的力量是无穷的"的氛围，除了推出学科带头人、骨干教师以外，学校每年都要根据教师的实际工作业绩，把业绩突出的教师推选到学区或教育局。"三树"是树形象、立标兵，充分发挥名师的示范与激励作用。

我们树立了校级学科带头人何瑞全、殷秀荣、高均成，县级骨干教师卢翠敏，省级最美乡村教师孙玉波，他们已经成为引领学校教师成长的骨干力量。“四培”是把老师送出去培训，学校近年来注重对教师的培养和关怀，凡有教师学习的机会，学校都积极鼓励他们走出去学习、观摩，以扩大视野，增长才干，使他们逐步成为有见识、有能力、能胜任的教师。“五请”是请优秀教师进校来。多年来，学校没有调入新教师、年轻教师，教师年龄偏大，教师业务负担重，知识缺乏更新，所有这些都让我感受到了学校发展的困境。2015 年 4 月 16 日，在雄壮的国歌声中，南天门小学翻开了崭新的一页：天津商业大学社会实践基地揭牌仪式在这里举行，商大领导、教授、支教学生来了，天津师大教授来了，南开中学教育基金会秘书长来了，局里、乡里、学区的领导来了——从此，天津商业大学每年将选派优秀学生志愿者来南天门小学支教。商大雄厚的支教教师资源将给南天门小学的发展带来无限生机。

三、爱在灵魂深处

我常说：“没有爱就没有教育。”

每天早晨，我为师生打开第一扇窗子，让温暖的阳光洒满教室，每天晚上，我为师生锁好房门，看树梢滴下夕阳。

每年寒暑假我集中家访两次，亲自主持家长会两次……

南天门乡大洼村有这样一个孩子，母亲患精神病，在他 9 岁时离家出走，他的爷爷、奶奶常年卧病在床，在亲朋好友的帮助下，勉强在南天门小学就读。2013 年小年这一天，天上飘着雪花寒风刺骨，我顶风冒雪骑车赶到大洼村，把一份关爱送给了孩子。我通过自己的亲戚，联系唐山爱心人士资助这个苦命的孩子，从此，孩子受到很大鼓舞，各方面不断进步，现已成为一名很优秀的公费师范生。

石庙子村有这样的一个孩子，父亲车祸去世，母亲弃子另嫁，爷爷病故，孩子只能跟着年迈的奶奶过日子，家庭的不幸困扰着孩子。我非常关注，每年给贫苦生活费补助 1000 元，联系天津爱心人士每年资助孩子学习费用 1000 元，可这远远不够，我联系兴隆爱心联盟每月救助孩子 200 元生活费，从此，孩子的学习、生活有了保障，我才有所安心。

我校孙老师妻子患病，生活困难，孙老师在值班时没有被子，我就把自己的被子抱给了他。

“兵马未动，粮草先行。”在狠抓教学管理的同时，我大刀阔斧进行了“后勤”改革。“让师生吃好、睡好”，是后勤改革的出发点和落脚点。每年开学前三天，我都要和生活老师一起，反复晾晒学生宿舍的床垫儿，把学生宿舍床上床下，校园的屋里屋外清扫得干干净净。

历尽艰辛痴心不改，只愿身攀最高峰！精诚所至金石为开。2011 年 8 月，我有幸结识年逾六旬的天津爱心人士武佩玲先生，武佩铃先生关心支持贫困山区教育，深爱山区孩子，同时武先生也被我对教育的执着追求，为人的真诚、质朴所打动。我们相见恨晚，很快成为莫逆之交。在我们的共同努力下南天门小学（2013 年命名南天门婉哲希望小学）有了新的转机：这里的贫苦儿童、留守儿童得到资助；学校的办学条件不断改善；学校站得更高，看得更远。

2011 年，18 名品学兼优、家庭贫困的学生得到资助，从 2011 年到 2022 年累计有 313 名贫困儿童、留守儿童得到资助，累计救助资金 30 多万元。我不仅让这些孩子在经济上得到帮助，而且不辞辛苦从学习上、做人上给予引领，随时谈话、家访让他们懂得感恩，努力学习，将来回报社会。

四、四处化缘　圆少年梦想

为了学校的进一步发展，我不断加大外联力度，改善办学条件。2013 年，我联系承德热力集团、承德弱电厂，为学校更换了 11 套办公桌椅、40 套电脑桌椅、3 个专用教室窗帘，及捐赠图书、体育器材等价值 3 万多元的教学用品；同年，我聘请南开中学教育基金会秘书长武佩铃先生为南天门婉哲希望小学名誉校长，天津经典假日责任有限公司总裁绍毅恒、深圳某公司总经理宋朝玉、天津某公司总经理李艳为名誉副校长。几年来，他们先后为学校添置了 200 套桌椅、725 套运动服、28 台电子琴、31 台电脑、3 台电视、1 部照相机、1 台全自动洗衣机、1 部空调、1 台饮水机、1 架钢琴，1 套太阳能洗浴系统——总价值 60 多万元。

2014、2015、2016 年暑假每年有 10 名学生免费参加“感受天津　追逐梦想”的夏令营活动，我亲自带领孩子们观看名人故居，参观南开中学、南开大学、人造海滩、历史博物馆、图书馆、海洋馆，在南开中学制作车间制作工艺品，在大海中游泳，在图书馆看书，孩子们感受到了从未有过的快乐。在回来的汽车上我问孩子们：“你们有什么感受?”小晴说：“我要考南开中学，进入南开大学。”小怡说：“我要努力学习，将来成为建筑师，建设更美丽的城市。”小伟说：“感谢白校长，感谢武爷爷！我要成为服装设计师，让世人更美丽。”听着孩子们自豪地抒发自己的理想，我打心眼里高兴，下定决心这样的活动要经常开展。

作为一名普通的小学校长，为学校谋发展，为贫困学生及家庭尽自己一份绵薄之力，奉献自己的一片爱心，我感受到了一种光荣。让山区的孩子也享受良好的教育资源，作为校长我感受到一种责任，从内心萌生一种神圣的使命感。

我对教育事业充满了执着与忠诚，我会脚踏实地，一步一个脚印，服务乡村学校教育，服务乡村的孩子们；我会用青春与热血点燃孩子们的希望，成就孩子们的梦想。

路在延伸，希望在脚下。

（白晓军，河北省承德市兴隆县南天门满族乡南天门小学校长）

教育就是个良心活儿

从2008年来到八里庄中心校当校长，一晃已经10多年。过去的这10多年，让我从一个对教育管理懵懂无知的毛头小子变成了一个成熟稳重的中年大叔。岁月总禁不起回忆，一想起来，心里就有千言万语。

一、胸藏文墨怀若谷，腹有诗书气自华

“知人者智，知己者明”，我是体育老师出身，我深知，要想当好这个校长首先要让自己尽快成长起来，成长没有捷径，唯有不断学习。只要一有空闲，我就跟着郭主任到其他学校去听课评课、学习观摩，通过这种方式历练自己。也感谢领导给了我多次外出学习的机会，开阔了我的视野，使我在打造新八里庄学校的时候游刃有余。当了校长以后，学电脑和看书成了我的业余爱好，为了方便随时学习，我就把书放到随手可拿的地方，有空就翻一翻。办公桌上放着《论语》，车上放着《尼尔斯骑鹅历险记》，沙发上放着《爱的教育》，书不仅提高了我的文化修养，增长了我的见识，更让我能够理解别人，理解世界。一日一钱、千日千钱，绳锯木断、水滴石穿，什么事都重在坚持和积累，读过的书，做过的事，都会印刻在自己的成长历程中。

二、努力到无能为力，拼搏到感动自己

各位同人有没有因为上达下派的通知而感到头痛，是否因遇到不讲理的家长而寒心，是不是在生活上或者工作中遇到不公的待遇就会抱怨不已，就此对教育失去了信心，而放弃了自己对工作的努力和底线。我希望我的经历能给老师们一些警示，我的所作所为能给老师们一丝希望和激励。

2015 年 6 月我们搬入新学校，新学校只有楼房前面硬化部分能让学生户外活动，其他地方长满 1 米多高的芦苇和紫槐。从保护学生安全的角度出发，开学后我重点抓了两项工作：一是卫生，二是纪律。一个学年下来，尽管学校是半建成状态，学生都能遵守纪律、维护学校卫生，最重要的是，在校内没有发生任何意外伤害事件。

搬入新学校后，我每天早晨 6 点到校检查，暑假期间依然带领老师们搞绿化、硬化、文化、水电安装，等等，老师们团结一致，为新学校完善工作争先出力。连续 4 个月我们没有休息，在我们的努力下，学校文化、绿化、硬化初见成效。就在工作如火如荼地进行时，9 月底的一个中午，一名齐庄村民拉着玉米要到校园里晾晒。学校正在施工和打扫，学生为了维护校园环境热火朝天的清扫劳动，这个时候到学校晾晒自然是不被允许的。我们对村民几番劝解不见奏效，不觉间冲突升级，我冲动下动手打了村民。这件事真是令我苦不堪言，明明是村民不通情理在先，我维护学校权益无可奈何，最后落得自己赔付对方 8 万元了结此事。当时的我欲哭无泪，多亏我的一个好朋友倾囊相助，还安慰我："事情解决了就行，你还得好好干！"

学校工作正在关键期，我只能把全部精力投入工作，只有这样才能忘掉这伤心事。12 月份省督导检查，我们学校是西片的第一站，我和老师们以百倍热情迎接检查，我们的努力也得到了回报，我们的工作受到领导的高度赞扬，并授予我们"河北省督导评估优胜单位"的荣誉称号。我记得那天细雨蒙蒙，检查结束的下午，我独自站在三楼办公室看着窗外的绵绵细雨，不由地泪流满面。回想过往，虽苦闷难言，但看着学校的成长，心中无限感慨：不怨天不尤人，下达而上传，知我者天呼！

一晃到了 2016 年，学校发展蒸蒸日上，我们的工作也十分有干劲儿。哪知道 6 月份我竟突然被纪委调查，因为与村民冲突一事要遭处分。一番处理下来，降低五级工资，两年不得评优评先，不得涨工资，没有奖金。我默默承受着这一切，领导经常给我发一些鼓励上进的文章，我还是难以释怀。我不能对着父母哭泣，因为他们是我奉敬之人；我不能对着老师和学生哭泣，因为我是他们的标杆；我不能对着老婆和孩子哭泣，因为我是他们的顶梁柱；我不能对着领导哭泣，因为他们已经尽力而为。我叫上两个好朋友找个偏僻的酒馆散心，从来不喝酒的我，看到酒倒进酒杯的一刹那，趴到桌子上痛哭流涕。发泄过的第二天，我又回到工作当中，暑假八里庄幼儿园改制，两个月的假期我在幼儿园度过，选人、聘人、合并、买校车，等等，在我们的努力下八里庄幼儿园焕发新生机。

三、我们不想出类拔萃，但一定要与众不同

2016 年暑假开学后不久，“一校一品、一生三爱好”活动拉开帷幕，八里庄学校成为全县重点打造的唯一一所农村学校。我的干劲儿来了，压力也来了。既然是打造学校品位，就不必追城镇学校的时髦；既然我们资源、基础有限，就不必打肿脸充胖子。我们不必出类拔萃，但一定要与众不同，要让师生在特色学校的创建过程中获得实实在在的成长和幸福，我想，这既是本次活动的目标，也是我们工作的方向。

武术操、跳绳一直是我们学校的优势项目，那就不妨把优势项目做精做强。广场舞在乡村喜闻乐见，不仅老人们喜欢，孩子们也喜欢，那就把广场舞从广场搬到操场。主意定了，我们开始分工：高永华老师负责教老师们武术操，同时规范学生动作；邱国成老师负责编程软件；李金志老师抓跳绳；我负责广场舞和活动总编排。事情做起来总是比想象中更难，动作、音乐、规范、配合、衔接，任何一个环节都需要师生不间断的努力，但师生的投入度超出了我们的预设。一周的时间，跑步、跳绳、武术操、广场舞贯穿下来的 28 分钟的特色课间操出炉，这 28 分钟，是师生合作为自己打造的舞台，每一个人都乐在其中。

在 28 分钟特色课间操的基础上，我们根据学生在练习中的兴趣、特长，选择在跳绳的项目上再继续精进，计划开发一套以跳绳项目为主的校园阳光团体操。团体操的绳操部分有 40 个八拍，320 个动作，一度被老师们认为“太难，学生学不会”。这个项目我亲自带领着学生们学习、训练，事实证明，只要是孩子们喜欢做的事情，他们的自主性、创造性、激情、耐力会远远超出大人想象。只一个月后，我带领我的花样跳绳队伍初次在学校进行整合展示就惊

呆了老师们。在运动会上，我们的《绳彩飞扬》大型团体操表演更是得到各界朋友的高度好评，并且代表全县团体操表演创编队伍作典型发言。

不跟风、不盲目，我们选择了一条适合农村孩子的路，带着他们发现了学校生活、集体生活的乐趣。

四、教育就是个良心活儿

无论是当校长还是当老师，我们的身份首先是教育工作者，而教育工作讲的就是良心。朱熹说得好“良心者，本然之善心，即所谓仁义之心也”，我们要坚守的就是这颗为学生谋幸福的仁义之心。乡村办学有特殊的困难，如果遇到挫折就放弃了，就是放弃了孩子们的未来，就是放弃了我们自己的良心。我经常用蒲松龄的一副对联鼓励自己“苦心人天不负，卧薪尝胆三千越甲可吞吴；有志者事竟成，釜底抽薪百二秦川终属楚”。一路走来，我也曾被误解，被质疑，甚至被讥笑，对于这些，我选择笑笑无语。你问我为什么坚守，因为我爱这片土地，爱这份工作，不仅爱，更爱得深沉。我要带好这个团队，带好这群孩子，为了一个光明的未来，这些苦难，又能算得了什么呢？

（王保健，河北省沧州市献县乐寿镇北八里庄中心校校长）

盘活这“一潭死水”

雄县朱各庄镇胡台小学占地面积 8380 平方米，建筑面积 1520 平方米，片区内有陈台、胡台两个行政村，学校共有 8 个教学班，学生 330 余人，教职工 18 人，是一所完全农村小学。

2014 年，我被任命为胡台小学校长。刚到胡台小学时，学校只有 13 名教师，这仅有的 13 名教师中，真正能把精力放在教学上的也就那么两三个人。有的教师因为家庭出现变故受到沉重打击一蹶不振；有的因患重病连基本出勤都不能保证；有的老师虽然能保证出勤，但患腰椎间盘突出不能久坐久站，或者是血糖高、血脂高、血压高，一上课或批改作业就头晕眼花；几名年轻教师处在哺乳期需要更多时间照顾婴儿。说实话，上任的第一周，眼前的这支队伍让我的斗志打消了一半。

我经过与其他校长沟通了解到，农村学校师资短缺、年龄老化是常态，只不过在胡台小学这种情况更加严重一些。既然新的教师补充不进来，那就想办法盘活这“一潭死水”。首先要在工作中讲感情，用感情促工作，用真心打动每一位教师。我征得教代会同意，结合农村生活的实际，修改了学校考勤办法，教师家中如遇红白喜事，学校给予一定时间的假期，教师可以享受全勤奖励，其他没课的教师，分组到该教师家帮忙，也同样可以享受全勤奖励。让每一位教师都感受到集体的温暖，让教师感受到制度中的人情。不管哪一位老师家中遇事，我总是第一时间赶到，协助老师们把事处理好。对老师们生活中的困难，我也是力所能及帮助他们解决。我认为，老师们只有家庭幸福没有后顾之忧了才可以安心教学。我是一校之长，就要让每位老师在这所学校都能收获安全感、幸福感。关怀总是相互的，慢慢地，老师们也认识到，学校的困难不光是校长的困难，也是每位老师的困难，会尽全力配合校长去解决。

得到老师们的接纳和认同之后，就要想办法提高老师们在教育教学工作中的积极性。我组织领导班子，修订和起草了学校各项管理制度，包括考勤制度、各项奖励制度，交由全体教师集体讨论后颁布执行，学校各项事务管理做到“有据可依，有章必寻”。我大胆改革绩效工资的分配制度，以“决不能让流汗的教师再流泪，教师多劳多得，少劳少得，不劳不得”为准则，真正做到“公开、公正、公平、透明”。在这种“以理服人，以公信人”的大氛围下，胡台小学的教师工作积极性大大提高，为学校各项工作的正常开展奠定了坚实的基础。

教师的专业化发展程度决定着学校的发展高度。初到胡台小学，看到老师们面对多媒体设备不会使用或使用生疏，造成先进的信息技术设备闲置的情况，我就自觉担任起了教师们的信息技术指导老师，每周给老师们培训，规定老师讲授新课必须使用多媒体。经过几年的培训，老师们熟练掌握了信息技术操作要领，也尝到了多媒体使用的甜头，大大提高了教学效率。

我十分重视教师教研与培训。上级安排的培训，我无论克服多大困难，也要让教师参加，为每位教师提供业务“充电”的机会。为了提高教师驾驭课堂的能力，根据学校实际，学校每周四都要进行听评课活动，教师要进行异年级异班授课。每周五利用网络资源组织教师观看全国优秀教师教学视频，教师比对自己的教学过程，将好的经验、方法记录下来，应用于实际教学中。这样，所有老师可以足不出校提升教学综合能力，所谓“磨刀不误砍柴工”，在解决好教师工学矛盾的同时，也让老师的自身水平有了大幅提升。

为提高教师授课能力，我积极与其他兄弟学校沟通联系，给老师们提供一个更高的交流和展示平台，让老师们走出校门与其他学校教师进行同课异构。在一次外出授课报名时，年龄偏大的刘老师看到年轻教师都走出校门讲课，她也想报名尝试一下。可是就在外出讲课的头天下午，刘老师找到我说：“校长，我明天不去讲课了，我工作这么多年，始终没有外出讲过课，我课件也做不好。”我知道刘老师内心里是想参加的，但是她现在遇到了困难。我安慰她说：“万事开头难，我可以帮你一起修改课件。”放学后，我帮刘老师修改两个小时，才共同把课件梳理好。到兄弟学校后，刘老师积极准备授课，我刚与兄弟学校校长交谈，突然刘老师找到我说："校长，课是否可以不上了，这个班教室没电，多媒体没法用。"我知道，刘老师这是找机会打退堂鼓呢，我说："不用急，我可以检修一下。"我随刘老师到班里，用平时的电学常识排查故障，经过我的整修教室有电了，刘老师又继续做准备。我刚走出教室，刘老师又找到我说："校长，这次恐怕真上不了课了，电脑启动蓝屏死机，我的课件使用不了，好多内容没法讲。"我安慰刘老师说："不用急，我这有系统盘，可以重做系统。来之前我已经做了万全准备啦。"我帮刘老师做好系统，调试好课件，距离上课还有 10 分钟。一次次打退堂鼓的刘老师终于站在讲台上了。

在回来的路上，刘老师心情很放松，笑着说："校长，其实外出做课也没什么需要紧张的，下次如果有外出机会，我还要报名参加。谢谢您帮我迈出第一步。"我听后也笑了。其实乡村小学的老师，最需要的就是平台和勇气，他们不是不想提升，是真的遇到了困难；他们不是不想展示，是内心害怕失败。当校长，就是要给老师们搭平台、做助手、当推手。在我的帮助下，老师们相继走出校门，成功讲授公开课。其中 12 位教师（学校目前共 18 名教师）先后到雄县 6 个中心校、14 所小学异校授课，进行课改示范交流，多名教师先后到曲阳县、高碑店市、容城县等多所学校进行示范交流活动。

为了学校有更好的发展，我抓住京津冀一体化的大好时机，积极联系北京多所优质学校，经中心校、教育局同意，于 2016 年 7 月 13 日同北京市海淀区培英小学正式建立对接帮扶关系，这是雄县最早与北京优质学校建立对接帮扶关系的农村小学，比雄安新区的成立还要早近 9 个月。在培英小学的帮扶下，我多次带领老师们到海淀区培英小学、海淀区五一小学参观学习，参加海淀区的教师培训，带领部分学生参加电视台节目拍摄等实践活动，使胡台小学的师生拓宽了视野，提升了教育教学水平。

胡台小学悄然发生着惊喜的变化。教学成绩已跻身全镇前列，2015 年学校被评为保定市安全先进集体，2016 年学校的数学学科被评为雄县课改示范学科，2018 年学校被评为雄县教育教学先进单位，2018、2020 年学校少先队工作被评为先进集体。近几年来，1 名教师被评为保定市优秀班主任，1 名教师被评为雄安新区骨干教师，4 名教师被评为雄县骨干教师，5 名教师被评为雄县课改示范教师，10 名教师被评为雄县教学先进个人，1 名教师被评为雄县优秀班主任，多人次被雄县政府记嘉奖、记三等功奖励。

我在农村三尺讲台一干就是 20 多年，我始终为自己是一名教师而感到自豪与骄傲，深深地爱着这平凡而伟大的工作。当身边有人问我："你选择当一名老师，现在后悔吗?"我总是会心地一笑："干一行，爱一行，精一行！作为一名共产党员，把自己的青春与热血，献给祖国的农村教育事业，我无怨无悔!"

（李伟平，雄安新区雄县朱各庄镇胡台小学校长）

不要放弃任何一个改变的机会

我叫葛国锋，来自衡水市武邑县清秀小学。清秀小学坐落在衡水市武邑县、深州市、武强县三县交界处，距离县城 20 公里，地广人稀。我是 2021 年 11 月份，根据教育局安排调任这所学校当校长的。此前我在武邑镇中心校（乡镇农村学校）担任了 11 年副校长，深知农村学校的办学痛点：学习环境差留不住学生，工作环境艰苦留不住老师。

来到清秀小学后我更加体会到农村偏远学校的凄凉：十几亩的院落只有 119 名学生。走进教室，学生们用的都是晃晃悠悠、桌面椅面破损严重的课桌凳。宿舍里的上下床床头、床腿绕满了铁丝，用力摇晃依旧咯吱作响，只能勉强支撑住孩子幼小的身体。走进食堂，看到孩子们就着清淡的汤菜啃着又小又黄的馒头，我心里就更加难过起来。村子里条件好一点儿的家庭，都努力把孩子送到县城里读书，留在清秀小学的，大多是留守儿童，而且家庭经济条件普遍偏低。面对着这群缺少父母关爱的孩子，我的责任感油然而生，因为他们和城里的孩子一样，正处于身心发育的关键阶段，也正是行为习惯和品格塑造的关键时期啊。我暗下决心，一定要让这些孩子在清秀小学得到爱的陪伴和高质量的教育。

我把自己关在办公室两天，整理思路、制订措施。兵马未动，粮草先行，首先要改善孩子们的伙食，要让孩子们在长身体的关键阶段吃上营养可口的饭菜！我把主管伙房的张主任请到办公室，简明扼要说明了我们的伙食改进计划：第一，立即和大师傅研究新菜品，制订新食谱，一定要增加肉蛋量。第二，取消伙房大师傅的小灶（此前大师傅不吃给学生们的饭菜，他们自己另做），要求大师傅和学生们吃一锅饭菜，饭菜做出来食堂大师傅先吃，觉得可口才能给学生们吃。第三，厨师要改进手艺、精益求精。比如原本采用酵子蒸馒头的老办法，蒸出来的馒头要么不松软、要么味道酸，孩子们只在饿了时勉强吃一个，十来岁的孩子一顿吃一个小馒头根本吃不饱。我们去向亲戚家的馒头店学习和面的配比，现在做出来的馒头又大又白，原来勉强吃一个的学生现在顿顿吃两个。第四，把每天的饭菜拍照发到家长群，接受家长的监督。这样一来，孩子们吃好了，家长满意了，学校的口碑也提高了。

学生饭菜质量改善了，孩子们营养提上去了，就要开始在学校硬件条件上谋改善了。在义务教育均衡化发展和乡村教育振兴的时代背景下，乡村学校的办学经费事实上是充足的，关键就是看校长肯不肯为学校争取。针对学校现状，我几次找到教育局领导，说明需要改善的项目，得到了领导的大力支持。经过 8 个月的努力，我们现在已经改善的项目如下，更换了全新学生课桌椅和上下床；学生宿舍重新粉刷墙壁；教室和教师值班室安装了空调；宿舍和教室为每名学生配备了储物柜；教学楼楼梯台阶铺设了地胶；改建了教学楼给排水；改建了 2 间洗浴间，学生们可以定时洗热水澡。现在的教室和宿舍安全、整洁、明亮，在炎热的夏季孩子们也可以在凉爽的教室里安心学习。孩子们在学校里生活得舒服了，学习的劲头儿自然也足了，校园里处处能见到孩子们的笑脸，飘荡着他们的笑声。

学生的生活、学习条件改善了，愉悦的心情也会传递给老师们。清秀小学越来越像一个大家庭了，师生们一起在这里共度美好学习时光。我建议老师多组织一些课外活动，丰富孩子的业余生活，促进孩子们的多元发展。去年元旦，我们组织了一场讲故事朗诵比赛，同学们参与热情很高，还有几名同学表现异常优秀，这更加坚定了我多组织一些课外活动的决心。现在我们已经开展的活动有端午节包粽子，母亲节给妈妈写一封信、做一个贺卡、做一个感恩简报等。前段时间我们还精心组织了“六一儿童节”文艺会演，并且采用了网络直播形式让家长观看，播放量一度达到了 25 万，精彩的演出和学校为每位孩子准备的节日蛋糕得到了家长和观众的一致好评。在活动中，孩子们摆脱了课堂上的拘谨，成绩不好的孩子丢掉了笼罩着他们的自卑，缺少关爱的孩子不再怯懦，孩子们尽情地释放着他们活泼的天性，让这个昔日凄凉的乡村校园明媚起来。

坚守在乡村学校的老师们其实是非常艰苦的。我校教师中年龄 50 岁以上的占 70%，这个年纪上有老下有小，再加上日常繁重的教学工作，可以说是身心疲惫。师资短缺的现状没办法解决，老师们的工作量减不下来，我就想办法给老师们在生活上创造更多的便利条件，比如为上班路途远的老师安排宿舍，安排午餐，以此来缓解他们奔波之苦。

2020 年春节突发疫情，开学后，学校实行了封闭管理，老师们为了学生的安全也积极响应号召吃住在校。可恰巧一年级刘老师的丈夫生病需要住院，按当时疫情防控政策，老师离校后需要在家隔离 7 天，刘老师很是为难，一边是住院需要照顾的丈夫，一边是低年级处处需要看管的学生，得知这一情况后，我与封闭在校外处理事务的张会计商量，由他去医院陪同刘老师的丈夫治病，封闭在学校的刘老师没有课时跟丈夫视频通话安慰和鼓励他。经过 3 天的治疗，刘老师的丈夫康复出院，之后多次打电话感谢学校为他们解决燃眉之急。只有真正把老师的事当作自己的事来处理，解决了他们的后顾之忧，才能得到老师们的支持和理解，使他们将更多的精力投入到工作中。

在学校里我的工作岗位就是维修一线，我自己置办了一套维修工具（热熔机、电锤、电转、磨光机、各型号扳手等），水管漏水、电路不通、食堂轧面机换轴承、下水道堵塞、门窗破损、宿舍电扇换配件这些小活儿都是“葛工”在干。清秀小学的一位即将退休的老教师对我说：“葛校长，你开创了清秀小学多个先例，一心一意为学校谋发展，老师、学生和学生家长们真心感谢你!”听到这话时，我的内心是沸腾的，是啊，点滴行动胜过千言万语，大家的好评才是真正的口碑！回想清秀小学昔日的凄凉，正是我们每一个人的点滴行动，让这所学校一天一天明媚起来。旧的困难克服了，新的问题还会出现，只要我们不忘记教书育人的初心，把为学生服务、为教师服务、为老百姓服务的责任挑在肩上，从点滴做起，不放弃任何一个改变的机会，乡村教育一定会迎来美好的明天!

（葛国锋，河北省衡水市武邑县清秀小学校长）

乡村校长必须不怕难

2019 年 9 月，教育局任命我到海兴县嘉洋博爱小学任校长。初到这所学校时，望着杂草丛生的校园，房顶漏雨、不通水电的教学楼，骄横、懒惰、满口脏话的学生，无精打采、随意散漫的老师，我迟疑了。但是遇到困难就退缩不是我的性格，也断然不能辜负上级领导对我的信任，于是我下定决心，就在这“烂摊子”上大干一场，用两年时间让学校大变样，在这土旮旯里创造出一片奇迹。

一、改善办学条件

提升学校办学面貌，从改善办学条件开始。经过与上级部门积极协调，2019 年 10 月，我校办学条件改善工作正式启动。首先对教学楼进行改水改电，实现数字监控全面覆盖无死角；其次为特岗教师装修厨房、宿舍，建设淋浴室，给办公室、宿舍全部安装空调。2021 年新建教学楼一栋，同年对老教学楼进行整体维修改造。2022 年施工改进水冲厕所，新建设的操场已经投入使用。办学条件的改善为全校师生生命安全与生活学习提供了基础保障，学校面貌焕然一新，师生以校为荣，工作、生活、学习也都有了精气神。

二、留得住老师的心

学校硬件条件改善了，就要在软件上谋发展。教师是支撑学校教育教学改革的关键力量，教师队伍建设是校长工作的重中之重。偏远乡村学校教师流失严重，留住老师是乡村学校教师队伍建设的首要工作。

第一，校长要以诚聚人，首先要做到尊重教师、信任教师，放手让教师创造性地工作。要用积极的态度去欣赏教师，不要用挑剔的眼光去评判教师。要多看教师的长处、成绩，宽容教师的缺点、失误。校长要关心教师的成长，积极为他们的成长创造条件，既要让他们在学校办学质量提升的过程中发挥中坚力量，也要让教师们享受与学校一同成长的获得感。

我校外地教师多，流动性大，每年都会有特岗教师考入和调出，因此每个学期伊始，学校各项工作都会重新调整。当给无工作经验的新老师委以重任时，老师们第一句话问的就是“校长，我能行吗?”，我总是坚定地告诉他们“你能行，不懂就只管来问我，放手去干，你一定会做得很好!”说这些话时，其实我也心虚，可结果是，每一位老师都能不负厚望地完成任务，并且能创造出意想不到的效果。只要老师们工作中取得了成绩，我就当众表扬他们，假如有老师因非人为因素出现工作纰漏，我就一定要把监督指导的责任揽过来，做他们的“保护伞”。校长要将心比心，以真心换真心，俗话说“火车跑得快，全凭车头带”，校长是给老师们扛旗的人，这个排头兵一定要当好。

第二，校长要当好老师的“勤务员”，必须吃苦在前，享受在后，要一心一意为学校谋发展，脚踏实地为学校做贡献。任职以来，我天天提前到校，最后一个离校，学校哪里需要我，我就要立刻出现在哪里。只要老师们在工作、生活中遇到困难向我求助了，我就要想尽一切办法帮助他们解决。初来乍到，老师们会疏远我，我就用自己的行动感动他们，继而赢得他们的信任，这样才能调动老师的工作积极性，全校上下一条心，才能把学校办好。

2019 年 8 月 30 日初到学校任职，我发现教学楼漏雨断水断电。为解决 9 月 1 日开学特岗教师返校后的生活问题，我亲自接水接电。为了让年轻教师们舒适又安心地从教，我校新建了淋浴室，装修了厨房。2020 年寒冬的一天晚上，教师宿舍取暖设备漏水，我立刻联系维修师傅从县城赶到学校维修。2021 年 4 月，学校一位老师因家庭矛盾影响工作，我与主任深入了解情况后，几经周折，帮助即将破碎的家庭重归于好。乡村学校的老师们表达情感的方式内敛、朴实，他们不会当面说太多感谢的话语，但我能感觉出他们已经将得到的关爱、支持转化到对学生的教育教学工作中。陪我一同早到晚归的人越来越多，遇到困难时彼此搀扶的力量越来越大。这些，我们都不明说，但我们都记在心上，落实在行动上。

还记得新教学楼建设时期，县、乡、村、校四点一线，我几乎吃住在学校，偶尔回家一次，爱人就埋怨：“家不要了，回到家就装‘死’，学校一有电话你就来精神!”希望爱人看到此文后，能多一些理解与支持。我很忙，很累，但我很充实，很幸福。

三、推得动老师进步

既然老师们愿意留下来，校长就要为老师们的进步发展做谋划。校长要学会用人、善于用人，推动老师进步。

第一，选拔用人是关键。选拔用人要讲究技巧，第一，要坚持德才兼备的用人原则，有德有才，优先录用；有德无才，培养再用；无德有才，小心慎用；无德无才，坚决不用。第二，对所用之人，要让他们有荣誉感、责任感和使命感。校长要积极传达这样的观念，为学校做事，既是一种荣誉，也是一种责任。对于为学校效力的人，要优先给予他们培训学习、评优评先、职称评定的机会，这既是工作上的认可，更是精神上的鼓励。第三，给予每个人相应的责任和权力，给他们看得见的发展目标，让他们能独立而又有创造性地开展工作。第四，要特别注意保护他们，保护他们的利益不受侵害，从而保护他们工作的积极性。

第二，优化制度，优绩优酬是途经。我相信，好的制度能激励人。为了尽快改善学校教学散漫的状况，我们建立了教师绩效考核制度，量化评比，奖优罚劣。各项工作突出的教师才能在年度考核中获评“优秀”，这打破了之前按资排辈的做法。同时，我还推动了教师绩效分配办法改革，鼓励“多劳多得，优绩优酬”。所有的工作都按规章制度来，公开、公平、公正进行考核，教师们渐渐明白，只有努力付出才能得到回报。

四、五育并举，德育为先

乡村学校的学生大多是留守儿童，家庭教育和亲情陪伴缺失问题严重，孩子们日常行为习惯差、态度骄横、品行懒惰、目中无人、不懂感恩。自 2019

年 9 月秋季开学，我校开展以感恩教育为主要途经的德育教育，两年来，从挖掘感恩的主题内涵、探索感恩课程、开展感恩活动、实施感恩评价等方面入手，使感恩教育氛围化、人本化、课堂化、多样化和实践化，创新性地构建基于感恩教育的校本特色德育模式，以此培养学生良好的道德情操、塑造学生的健全人格。

当校长难，在乡村学校当校长更难。但校长只要不怕难，敢想敢干，尊重人、善待人、信任人、关心人，避免居高临下的说教与以权压人，为师生多办实事，调动教师教学的积极性和学生学习的主动性，就能取信于师生，就能得到家长与社会的认可与肯定。

（乔新明，河北省沧州市海兴县嘉洋博爱小学校长）

只要你想成长，绝处也能逢生

1998 年 7 月中专毕业后，我被分配到县城里一所小学任教，后来学校合并到相邻的全县唯一的一所县直小学——献县实验小学，我也随即到实验小学工作。实验小学是我成长的平台，从一名普通老师到班主任、年级组长、学科带头人、副主任、主任、副校长，一步一个台阶，岁月更迭中，我也由青涩逐渐走向成熟。

2018 年 7 月，接到上级安排，我被调到献县南河头乡东方完全小学任校长。拿到调令的那天，心里有一种无法形容的感觉，一方面感到高兴，自己是学校的“领头羊”了，可以发挥领导力，引领大家创建特色学校；另一方面深知自己的政治素质、人文底蕴、学科知识、决策能力、服务精神都还需要进一步提高，要胜任这一职责，必须付出艰辛的努力。对于上级领导的信任我感到光荣，更感到压力。

做好了充分的心里建设，我带着满满的信心走进了这所学校，准备发挥自己的光和热。学校坐落在县城西南角，虽是一所乡下小学，但地理位置属于城乡接合部，当时感觉还不错，心想各方面应该和县城没什么区别吧。但真正坐到校长那个位置上才体会到“理想很丰满，现实很骨干”这句话的真正含义。不仅是距离这样简单的区别，县城和乡下小学各方面都有着很大的差异，我的压力与日俱增。

压力首先来自于学生的流失。在我被调往东方完全小学的同时，县里正在新建两所县直小学，一所是距离我校仅 200 米的第四实验小学，另一所是我校东北角方向，距离 2 公里的匠心英杰小学，两所小学均于 2018 年暑假后正式投入使用。第四实验小学的校长就是我接替的东方完全小学的前任校长，他在东方完全小学任职多年，也是东方屯村本地人，在当地享有较好口碑，因而，邻里乡亲和原学校里同事都争先找到他，希望把自己的孩子转学送到环境更好的第四实验小学去读书。况且第四实验小学毕业的学生可以直接升入县城第五中学就读，而东方完全小学的孩子毕业后只能就读南河头乡中学，这样我校就流失了一部分学生。另外，由于教体局重新划分招生片区，106 国道以东的学生被划到匠心英杰小学片区，这样我校就又流失了一部分学生。

我接任东方完全小学校长前，学校在校生是 980 人。2018 年暑假开学，全校共转走 120 多名学生，学生流失率超过了 10%。面对这样的当头一棒，我的信心难免不受到打击，但感到压力与不安之余，我清醒地认识到必须要思考如何扭转局面。

与两所新建校相比，我校原有的师资水平并不差，但校园环境、硬件设施是我校短板。在两所雄伟、崭新的校园面前，我们学校简直就是一只丑小鸭。俗话说，“人靠衣衫马靠鞍”，家长想让孩子去更漂亮更整洁的校园读书我们都能理解。硬件拼不过，那就从软件着手，我们决定发挥自身办学的长处，打造自己的品牌，创立一所具有乡村气息的朴实而有特色的学校。我们集中集体智慧，制订出学校外在改变到内部发展的三年规划。通过改善环境、主抓学生好的行为习惯养成来改变师生精神风貌，通过利用一切可利用的资源、打造书香校园，来谋得特色发展。

我们把学校里的阅读课搬到与学校只有一道之隔，投资 2 个亿的县图书馆里，充分利用社会教育资源的同时，学生们也打开了眼界。我们自编古诗读本，要求学生每学年必须背过古诗 50 首，到毕业时能背诵 300 首语文课本以外的古诗。我们广泛动员，打听招生片区内的几个行政村里有多少企业家和在各部门任职的领导，向他们寻求办学支持……功夫不负有心人，通过村干部、企业家等这些爱心人士的捐助，学校环境有了很大改善。我始终记得，当我找到某局领导寻求支持时，他说：“我被你的这种精神打动了，我一定帮你！”在这位局长的帮助下，碧桂园集团赞助 20 万元修建操场。通过 3 年的努力，现如今校园环境焕然一新，再也找不到原来破旧的痕迹。学生更加讲文明、懂礼貌，师生更加有精气神。我们开始得到家长和社会的认可，在农村学校生源逐年减少的现实情况下，我校在校生由 980 人增加到 1056 人。

回想在乡村小学当校长的这 3 年，有过不成熟决策后的突然醒悟，有过遇到问题之后的迷茫，有过取得一点成绩后的喜悦，有过收获后的成长。这些使我变得更加沉着和坚定。在这些丰富的人生体验上，我得到的最深刻的启发就是：只要你想成长，绝处也能逢生。对一个人是如此，对一所学校也是如此。

（唐京慧，河北省沧州市献县南河头乡东方完全小学校长）

在平凡的岗位上绽放美丽

2019 年底，应上级工作安排，我来到了西高里村小学负责学校的全面工作，开启了我小学校长成长路上的一段不同以往的历程。

定兴县高里乡西高里村小学是一所农村完全小学，它坐落于高里乡西高里村东，东距县城 12.5 公里，西临张石高速，北接定易公路，地理位置优越，交通十分便利。西高里村小学是 2009 年国家投资几百万元，择址新建的省级标准化小学，学校有 34 名教师，12 个教学班，在校生 700 余名，分别来自南章、北章、陈村、北庄、长安城、东高里、西高里和高里店 8 个村落。

我是一线教师出身，来西高里村小学之前虽然管理过一所不足 200 人的小学校，但自认为还是一个学校管理的“门外汉”。接管这样一所中等规模的农村小学，开始我真担心自己能力不够，但作为一名共产党员，面对领导的信任，我还是勇敢地踏进了西高里村小学的大门。回想和全体老师第一次见面，讲话虽略带生涩，但我的内心坚定：我一定能带好这个团队，在平凡的岗位上绽放美丽，为农村小学教育创造一个美好的未来。

初来乍到，我时刻提醒自己抑制住因职位变动催生的内心的狂喜或者焦虑，要心平气和地与新同事们站在一起，要放低姿态虚心向有经验的副校长、主任、老师学习请教，要急他人之所急，尽力为有困难的老师提供帮助和支持。于是我就化身成为一个“话痨”，只要一有空闲就去找老师们谈心，谈工作、谈学习、谈生活，遇到不懂的就及时咨询，遇到自己擅长的就帮老师们答疑解惑，遇到不能马上解决的难题就记录下来放在工作备忘录里。学校有几名新聘的年轻教师，家在外县，周一到周五都在学校住宿，因为没有洗澡的地方，天气热了就格外难熬，老师们工作就不踏实。于是，我想方设法申请资金，给老师们安装了专门的淋浴设施。

校长就是学校教育质量的镜子，农村小学因为各种管理制度还不够完善，所以校长的领导带头作用显得更为重要。我们学校抓教学工作，最主要的法子是领导班子成员率先垂范。学校教学管理制度规定：领导班子成员要带头上主科课、带头教研，用团队“领头羊”的“精”和“勤”去打动教师的心，带动全校教师集体发力，也为抓好常规管理工作打下基础。凡是制度上要求教师做到的，领导班子成员必须先做到，禁止教师做的，领导班子成员也不能做。有句话说得好：简单的事做好了就不简单，平凡的事做好了就不平凡。我们就是要在日常教育教学工作的点滴中不断精进，争取一步一个脚印地走向卓越。

协调好学校与周边群众的关系，是学校工作顺利进行的重要方面。为了做好此项工作，我校领导班子成员通过走访调研，征集建议和意见，整改我们学校存在的一些不足之处。比如，学校门口的家长等待区，路面开始是普通的泥土面，遇到雨天家长们只能在泥泞中接送孩子，这让家长很窘迫而且也增加了安全隐患。于是我们筹措资金，用水泥硬化了地面，单此一举就得到了无数好评。金杯银杯，不如学生家长的口碑，办人民满意的学校，落实在一点一滴的行动中。

我从没想过，以前那个天性不安分的我，有一天能在一所农村小学安下心来。虽然面对困难时也会在心里发发小牢骚，可我深深知道打从当上西高里村小学校长的那一天起，我就不再是我自己。中国的根基在农村，农村的希望在教育，农村教育改善的担子，就挑在我们身上。这份责任是重大且艰巨的，目标的实现确实要靠一系列的琐碎和平凡来贯穿。在平凡的岗位上，我们只要目标笃定、脚踏实地，也能创造出奇迹来。

（张新颖，河北省保定市定兴县高里镇西高里村小学校长）

做乡村教育的筑梦人

2013年1月14日，我从一所城市小学调至古冶区大庄坨小学任校长。履职前，教育局领导为我鼓劲儿，他说："你年轻有魄力，有思想，更有能力，当上了一把手，一定能在更高的舞台上发光发热!"虽然接到任命时就开始对乡村办学的种种困境做预设和铺垫，但领导的一番话让我顿感热血沸腾，仿佛一条铺满鲜花的康庄大道已经在我面前铺展开，而我只需要收获掌声与喝彩就好了。直到踏进大庄坨小学的那一刻，我华丽的梦一刹那支离破碎。

刚上半天班儿我就被冻感冒了。实在是太冷了，暖气片的温度比手的温度高不到哪儿去。转了转教师办公室，发现每个人都抱着个暖手宝，还时不时跺跺脚。教室里头倒还好，阳光晒进来的时候还算暖和，可一过了下午3点太阳无法晒进教室，会感觉突然就冷下来。一打听才知道原来学校是自己烧锅炉，锅炉房本就距离教室、办公室远，暖气管道年久失修，烧火用的煤炭质量还差，所以总烧不热。关键是烧锅炉的师傅还不尽责，不盯着炉火及时添煤炭不说，中午晚上还没等师生离校就已经关停锅炉准备去吃饭了。

这只是"冰山"一角。

不光烧锅炉的师傅不尽责，学校的老师们也是吊儿郎当。教师迟到早退的现象很普遍，虽说是履行的请假手续，但请假理由就是在敷衍了事。上课时间到了，很难看到有老师在教室门口候课，经常是上课铃声响起老师们才三三两两边聊边走向教室，甚至有老师在办公室插上电炉子煮粥做面条，全然不顾往来学生看到后的影响。老师们课间也很少给学生辅导答疑，在办公室家长里短地聊八卦是常态。我彻底被震惊了，这是一所怎样的学校啊？冰冻三尺非一日之寒，这样一支懈怠的队伍，怎么能使教育工作蒸蒸日上呢？

发现问题就要解决问题，而且要从根本上解决问题，不痛不痒的结果只能是变本加厉。为了掌握更多的一手资料，我化身成了学校的“巡逻员”。上班时间一到，先去校门口，观察教师是否按时到校，学生进校是否有秩序，有没有老师执勤。到了上课时间进教室随堂听课，课下去教师办公室，观察教师备课、批阅作业的状态，随机找老师、学生聊一聊。课间时还要转转学生厕所，放学后再去学校门口。晚上躺在床上，白天看到的事情一件件一桩桩就像过电影一样在脑海中浮现。越回想，就越觉得失望，更为自己的选择捏了把汗！我有能力扭转这种局面吗？我有能力办好这里的教育，让孩子们学有所获，造福一方百姓吗？

每个人都有梦想的权利，更应该付出果敢的行动去实现这个梦想。我相信，路是自己选的，既然发现了“病症”，只要“对症下药”，就能“药到病除”。我们大刀阔斧的改革从六个方面展开：完善学校管理规章制度；打造分工合作、率先垂范的领导班子；大力开展师德师风教育；重视学生品德教育；向课堂教学要质量；丰富社团活动、提升学生素养。

快速规范学校管理从建章立制开始。我们充分发挥学校教代会职能，对学校的各种规章制度重新审议、细化和完善。这些制度包括教师考勤制度、奖励性绩效工资分配制度、教师课间执勤制度、教师一分钟候课制度、领导日常巡课制度、年度考核评价制度。特别是把违反学校制度、违反工作纪律、不按规定履行责任和义务的具体处罚措施逐项明确。最后注明各项工作的实施及完成情况与绩效工资挂钩，与评优评先、职称评聘挂钩。

一个篱笆三个桩，一个好汉三个帮，要当好校长，就必须把班子成员的积极性调动起来，拧成一股绳才能攻无不克。我根据这一段时间对班子成员情况的了解，按照各自的优点、特长对他们的工作重新进行安排和细化，涉及交叉工作的认定牵头人，要求多方相互协调共同完成。班子成员分工履职，一旦未按规定完成任务则要责任倒追，奖罚分明。围绕“学校发展五年规划”，分管德育、教学、后勤的领导分别拟订本部门工作计划，经班子会讨论形成了《大庄坨小学转作风、促发展——开展阳光工程系列活动具体实施方案》。

我们把“转作风、塑形象”作为师德教育的重要内容，陆续开展了“廉洁从教三诺”活动、“阳光教师”评选活动、“党员挂牌”仪式、“照镜修身”活动、师德演讲活动等一系列主题活动。每次活动都要求党员打先锋，领导班子成员做表率，大家真诚地进行批评与自我批评，在交流中取长补短互照“镜子”，反省不足，及时改进。每一次活动都是一次精神的洗礼，我发现，老师们在悄然改变：教学热情有了极大的提升，慵、懒、散的现象没有了。早来晚走的多了，埋头备课、判作业的多了，提前候课的多了，课间辅导学生的多了，聊天唠嗑的不见了，就连平日里被冠名了的“老油条”也开始真诚地为学校的发展出谋划策了。

我们从学生行为习惯的养成教育入手，开展了“晨读、午思、暮省”国学经典诵读活动。再将国学经典诵读与小学生礼仪行为训练相结合，开展了“文明礼仪承诺一句话”“文明在我口中”“文明在我手中”“文明在我脚下”“文明在我心中”的文明礼仪践行系列活动。最后将文明礼仪教育实践活动与《小学生日常行为规范》相结合，将经过实践检验的，学生可以做到、愿意去做的文明礼仪行为，以学生管理制度的方式规定下来，形成《大庄坨小学 12 条校园礼仪标准》，成为我校校园文化建设的重要组成部分。校园礼仪被编成儿歌、制成展牌、粘贴在校园内的醒目位置，学校老师又据此创编了一套文明礼仪操，便于学生记忆和执行。将“校园礼仪”扩展到“家庭礼仪”“社会礼仪”，我们编写了《大庄坨小学礼仪教育读本》，成为我校的精品校本教材。

我们的教学改革从最基础处着手，倡导全体教师向 40 分钟的课堂教学要质量。以“阳光高效课堂”的课题研究为引领，严抓教学常规的检查与指导，从备课的实用性、上课的高效性、作业的层次性、辅导的针对性入手，层层把关。共性问题召开全体会，个别问题个别指导。班子成员坚持每天深入课堂，跟踪教学，严把备课、课堂教学、差生辅导、作业批改、知识检测各个环节质量。推出了学生课前学习“预习卡”，设立了教师“教学金点子”奖项，鼓励大家立足校本教研，探讨教法和学法，解决实际问题，提高课堂教学效率。积极开展校本培训、主题研讨、课例研讨，不断提升教师对阳光高效课堂的具体认知，促使教师在反思中不断进步。

农村学校尽管在师资条件、物质保障上有欠缺，但以提升学生素养为目标的社团活动不能少。只要能因地制宜、扬长避短，农村小学的社团活动一样可以丰富多彩。多一个社团，学生就多一个展示的舞台。以传统文化为中心，我们组建了“小百花”评剧社团、脸谱社团、戏曲操社团；以科普调查活动为主要形式，我们组织学生开展了“和面——生活小细节，节粮大学问”“创新在我身边”“道路交通安全小创客”等一系列科技活动。在社团活动中，学生们开了眼界、学了知识、长了本领，还带回来一堆奖励。最重要的是，他们收获了展示和成长的自信。

机器人搭建、3D打印、智能编程是近两年我们学校新开设的科技社团活动内容，2018年，我们又在校园里开辟出近1亩的地块儿作为学生学农劳动实践基地。从种花生、红薯、玉米，到种西红柿、豆角，辣椒，再到种太空种子和各种药材，学生们在劳作中学习和收获，我们则在孩子们的成长中圆梦。

倏忽十年光阴，漫步在月桂飘香的校园，望着挂满枝头的果实，我庆幸自己没有放弃，庆幸有领导当时的鼓励，有伙伴们一路的扶助。这所昔日凋零败落的乡村小学校，已经完成了它华丽的转身：连续3年被评为唐山市德育先进单位、唐山市科技教育先进校、唐山市基础教育先进校、唐山市后勤管理先进校、唐山市学生习惯培养先进校、古冶区督导评估先进单位、古冶区先进党支部。我自己也多次被评为唐山市三八红旗手、唐山市优秀共产党员、唐山市骨干教师、唐山市教学工作先进个人……

我的梦，在这方土壤上实现着。孩子们是祖国的未来，是民族复兴的梦之队，我们就是他们的筑梦人。初来乍到时的心虚彷徨早已消失，此刻我觉得，我们对得起人民教师这个称号，对得起这块土地上的一方百姓。

（张晓霞，河北省唐山市古冶区大庄坨小学党支部书记兼校长）

永远奋斗在追求卓越的路上

2005 年我毕业于邯郸学院英语教育专业。父母希望我毕业以后能回到村里，安安稳稳当一名普通的乡村教师，可是恰逢那两年已经不再包分配。作为一个偏远山沟里的农村孩子，我深知父母供我上学的不易。为了生活，为了学有所用，也为了不让亲戚朋友读书无用的话语刺激父母脆弱的神经，我到县城一所比较有名气的民办中学应聘为英语教师。这所学校对教师要求严格，甚至有点苛刻，两周休一次，其间不能外出，还要在学生宿舍值班。这些对从小就习惯吃苦的我来说不算什么。第一次站在讲台上，毫无课堂管理和教学经验的我显得有些局促，脑子里想着我学生生涯中的那些老师，云里雾里熬完了第一节课。等待评课的我忐忑不安，傻傻地站在会议室，听着每一个老师的点评。学校业务校长评课时的话至今仍让我记忆深刻："教育是个良心活儿，我们教书要对得起人家家长和孩子。你上课有激情，但是缺乏有效的方法，到这儿以后要努力一点儿，向其他老师学习，把业务能力提高上来。"

在惶恐不安和期待中，我怀着一颗不服输的心，开始了我的教学生涯。"有心者有所累，无心者无所谓。"短短半年，我便成了这所私立学校的骨干教师，英语教研组组长。私立学校的工作任务很重，既有教学任务，还有生活任务。从早晨 5 点半一口气就工作到晚上 11 点多，还要看护学生在宿舍睡觉。忙，也充实。每逢毕业季，大多数老师都如释重负。而我，会站在学校的门口，热情又不舍，注视着一个个孩子和家长离开。我想教育应该是建立在感情基础上的，没有对孩子的喜爱，没有对教育的热爱，是做不了或者至少是做不好教育的。

2010 年 8 月，磁县招聘教师。我很珍惜这次机会，希望完成父母的心愿，端上他们眼中所谓的“铁饭碗”。我一边忙着工作，一边又忙着备考，忙得不可开交。功夫不负有心人，最终以笔试第三、面试第四、综合成绩第二名的成绩，如愿以偿入编。2010 年 11 月，我被分配到了县里最偏远的山区，成为一名农村英语教师。这儿离我老家还有 20 多里，交通不便，一天一趟车，生活用水还是蓄水池中积攒的雨水。大多数老师都对这里艰苦的条件不满意，经常抱怨。我则不然，我非常感谢我的父母对我的严格要求和培养，让我养成了不怕困难、不服输、吃苦耐劳、适应能力强、乐观向上的性格。我喜欢农村的一草一木山山水水，喜欢农村质朴的孩子们，喜欢和他们一起登山、一起学习。工作上的负责和努力让我获得了职业生涯里的第一个职务——教导主任，并且加入了伟大的中国共产党，成为一名党员教师。更忙了，但是更充实了。

2016 年 9 月，我调到了县城北边的另一所农村小学——溢泉小学。一切归零，又从一名普通的教师干起。起初承担 1 个班的数学课、全校 4 个年级的英语课，还任班主任。课多事也多，其间也经历了区县调整中思想上的波动，但是凭着心中对这份工作的珍惜和热爱，所教学科成绩都排在中心校第一或第二名。一年不到，又成了这个学校的教导主任。2018 年 5 月，我调至中心校光禄镇第一中学任副校长。早、晚自习，巡课，财务，后勤……比之前更忙更累也更充实。

2019 年 5 月 28 日，我又迎来了人生的一次转变。经局党委会研究决定，我被调至西玉曹学校任校长。作为一名党员教师，我服从组织安排，但是心里是有一些情绪的。从原先工作的光禄镇第一中学近 40 名教师，500 多名学生，一片繁荣，到西玉曹 9 个学生而且还是 3 个不同年级，上课下课几乎都看不到学生，空荡荡的校园，一片破败和凄凉。我深感落差，心中五味杂陈……但是，开弓没有回头箭，服输不是我的性格。困难是挑战，压力是动力。在暑假的校长论坛会上，我向领导和同人汇报：给我两年，我要把这所学校办成六年一贯制完全小学。这个承诺或许当时连我自己都不信，可能只是为了逼自己一把。没有决心和退路，只能无畏向前。

结合中心校领导分析的校情，挨家挨户走访村民，查找招不到学生的原因。我始终坚持以学校发展为圆心，把各项工作放在首位，吃苦耐劳，敢为人先。家长反映学校设施陈旧，那就改善办学条件。经费不足就自己动手，顶着太阳淋着雨，我带领着教师们自己动手收拾、美化校园，学会了很多技术活，如粉墙、修门窗、混凝土打地面、砌砖垒墙等。村民反映教师工作作风不好，工作懈怠。我就给老师们做动员、立规矩、定制度。招生节点没人来报名，我就到村里幼儿园去开家长会，给村民谈学校的发展规划和管理。我和教师们一起走家入户去招生，耐心与家长沟通，了解家长的想法和需求。除了承诺还是承诺。但凡家长们提出的建议合理，我全部接受并付诸行动。功夫不负有心人，或许是村民看到了学校和老师们的变化。第一年一年级招生 57 名，初步完成预期目标。

教育教学质量是学校的生命线，是发展的根本。学生招来了，能否留得住呢？接下来就是狠抓细管教育教学等工作。教师是学校教育工作的实施者，教师队伍建设至关重要。我时常跟老师们说：假如你是一名家长，把孩子送给你这样的老师你放不放心？我们都应该带着这个问题去做老师，做教育。我定制度、严管理、亲示范、抓教学、提成绩、搞活动、创特色……所有的辛勤付出和努力都是值得的。第二年一年级招生 59 名。近两年的时间里，学生不仅没有外流，而且一直都在回流。只要家长往这儿送，一个学生也要成立一个年级。学生人数已经达到了 142 名，实现了六年一贯制完全小学的目标。同时，依靠政策和局领导支持，筹办了附属幼儿园，为本校储备和培养生源。看到校园里孩子们玩耍的身影，听到教室里琅琅读书声……这种幸福感是无法比拟的。其间，我联系母校——邯郸学院外国语学院，签订长期帮扶协议。在我的大学老师魏晓红院长、蔡其伦书记等人的热情帮助下，开展了关于学校教师培养提升的工作。母校的帮扶为我校教师提供学习和交流的机会和平台，促进了教师们的业务成长。

在这个学校的两年时间里，我几乎没有休息过。学校既是我工作的地方，也是我生活的地方。同时，我所有的付出，都被村民、学生、老师看在眼里，得到了他们的认可，也同他们建立了深厚的感情。带着热情工作，幸福满满，能量满满。

2021 年 5 月，我调至小狼营小学任校长，又开启了新的一页。

一个有理想、有担当的校长往往不满足于现状，而是永远奋斗在追求卓越的路上。参加工作以来，我怀着激情与梦想，一直奋战在农村教育教学工作的第一线，从西部山区农村到冀南平原农村，我坚守着教育的爱和温度，始终记得第一次评课时校领导对我说的那句话：教育是个良心活儿，我们教书要对得起人家家长和孩子。

（房永强，河北省邯郸市冀南新区小狼营小学校长）

乡村校长的角色转变

俗话说“一个好校长就是一所好学校”，校长的思想、思路和角色决定了一所学校的思想、思路和出路，振兴乡村教育的关键是提升校长的领导能力和管理水平，校长能力提升，从校长转变角色开始。

首先，校长要从被动的学习者转变为主动学习者，通过学习来拓思路、提品位、增气质。一个人独特的气质，一方面与生俱来，另一方面靠后天历练培养。气质的形成不会一蹴而就，必须要多读书、多思考、多实践。校长要提升自己的气质，让自己有个校长的样子，就必须通过学习来增加涵养、树立形象。教育改革进入深水区，乡村教育发展面临新难题，乡村学校办学不能故步自封，更不能盲从，校长是学校发展的旗帜，必须通过源源不断的知识更新来解决学校发展过程中的各种疑难问题，找出学校发展的思路。

其次，校长要以大格局求合作来稳步发展，成就事业。一个真正有格局的人，始终知道自己成长、成功的原因，并能及时克服改进自身的缺点、弱点。校长要有全局观念，能承担别人不愿承担的责任；校长要有敏锐的洞察力，能察觉常人不易察觉的发展契机；校长要有胸怀有雅量，做到“以责人之心责己，以恕己之心恕人”绝不能斤斤计较。校长不仅是一个领导者，更要是一个合作者，通过理解、尊重、沟通，来及时化解工作中的误解和矛盾，这对于一个人、一个团队甚至一个组织能否打胜仗至关重要。

最后，校长要转变消极等待的心态，积极阳光率先垂范才能形成强大的号召力、凝聚力。学校的每个人都是主人，都应当为学校发展出谋划策、出力贡献，校长更是责无旁贷，不能当了校长就高高挂起、不思进取。校长要“思无邪”，必须做到“思想主旨纯正无邪”，用积极的心态去谋事，用阳光的心态去做事，以身作则，主持正道。校长务必“打铁自身硬”，做好全校师生的榜样，端正自己的态度，时时处处严格要求自己，特别是独处时更要自律。校长要广开言路，对不同意见要听得进去，做什么事情决不超出规定法度，尤其是做到“耳顺”极其重要，只有这样才能达到闻过则喜、不抱怨、不失控、不暴躁的最高境界。同时还要对谎言、谗言、谣言听而不闻，闻而不信，做一个伸出自己的手去援助别人的人，带动全体教职员工勠力同心干工作，一心一意促发展。

（冀清周，河北省邯郸市馆陶县河西小学校长）

乡村办学的困境与突围

对农村小学教育的思考

近些年来，国家加大了对农村小学教育的投入，农村学校的办学标准、硬件设施有了很大程度改善。但总的来说，农村办学还有诸多困难需要克服。

一、生源大量流失，在校学生逐年减少

近年来，随着教育改革的不断深化和教育资源的重组及农村产业结构的调整，农村小学生源骤减问题日益凸显，以我校为例：2013 年全校学生有 278 人，2014 年下降到 223 人，2018 年骤降至 124 人，到现在仅剩 76 人。这种现象在我县农村小学普遍存在，因而不得不引起我们教育工作者的高度重视。

造成这种现象的原因主要有以下几种，首先，近年来我国人口出生率逐年下降，使生源大量减少；其次，城乡二元结构造就的教育资源分配不均衡，加上现在的家长越来越重视对孩子的教育，都希望子女接受更好的教育，尽自己最大的努力将子女转学到县城小学，使农村小学生源日益减少；最后，随着农村产业结构的调整，现在不少农民外出务工，将孩子带在身边，送进城市学校就读，客观上造成了农村小学生源的减少。

二、教师队伍素质参差不齐

我县农村小学整体上出现了教师队伍“老龄化”的现象，这种趋势令人担忧。这些年纪大的教师，只有少数受过专业教育，大部分是民师转正过来的。他们仅凭自己日积月累的教学经验开展工作，教法陈旧，观念落后，知识结构老化，知识面窄，面对新形势下的素质教育，改革后的义务教育课程，往往觉得力不从心，无从下手。教师队伍中还有相当一部分是县内政策班招生的，虽

然也接受过教师专业培训，但教学基本功相当扎实的为数不多。再者教师队伍中出现“留不住”的现象，目前我县在村级小学任教的中师毕业生已寥寥无几，他们大多调往县城、乡镇中心学校或初中。

2013 年我县开始招聘特岗教师，特岗教师的加入给农村教育注入了新鲜血液，他们学历高，整体素质好，为提升农村小学教育教学质量，更新教育理念起到了积极作用。但是特岗教师教学上知识有余，学生管理能力欠缺。同时部分特岗教师跨县跨市甚至跨省聘任，导致特岗教师很难留住，加剧了教师队伍的不稳定性。

三、教学科研流于形式，课程改革举步维艰

农村教育，一直笼罩在应试教育的阴影里，教师的教学重心都放在追求学生的学习成绩上，从而导致教师从事教学研究主动性不强，积极性不高。学校只能依靠制度强制推进，大多数教师认为从事教学研究是年轻教师的事，甚至是教育专家的事，即使开展教研活动，也是为了应付检查，并没有把教学研究看作是提升自己业务能力的途径。教研活动中组织听评课也多为应付性地简单说两句，主题不明确，发言人不能完全投入，不是跑题，就是不了了之，缺乏应有的争论，体现不出教研的气氛。这种形式化的教研活动效益低下，不利于教师的专业化成长，从而影响学校课程改革的推进工作。

农村小学占了义务教育的半壁河山，必须高度重视它当前所面临的困境。我们期待在义务教育均衡制度、农村教师任职评聘制度等方面，国家能够打出组合拳，改善我们的工作环境，提升我们的职业荣誉感和幸福感。事实上，在诸多方面，我们已经感受到义务教育均衡发展、乡村振兴给农村小学发展带来的契机和力量。但是，如何针对农村小学特殊的办学困境，进行针对性地思考和变革，需要扎根在农村小学的校长们进行创造性的思考和扎实的实践探索。

（刘海涛，河北省保定市望都县邱庄小学校长）

乡村学校的困境与突围

教育关乎国家的未来，全面推进乡村振兴对乡村教育发展提出了新的要求。可是如今的乡村教育仍然面临巨大的困境，基础设施、师资力量及社会环境的状况都不容乐观。解决乡村教育面临的困境，寻找新的出路势在必行。

一、乡村教育困境分析

作为一名乡村学校校长，通过深入调查，我校面临的突出困境有以下三点：

（一）留守儿童问题尤为突出

距离我校最近的乡镇约有 8 公里，经济发展的滞后导致许多学生家长为了生存，不得不出去打工，致使许多孩子留守乡村，跟着年迈的爷爷奶奶生活。这些孩子由于缺少父爱母爱加上祖父母溺爱，学习上无人问津，行为习惯上放任不羁，慢慢地就成为大众眼中的“坏学生”。强制教师无差别地喜欢每一个学生是不现实的，班上其他同学的家长也会教导自家孩子少与这些行为有偏差的孩子相处，结果就造成这些本就可怜的孩子逐渐被边缘化。

（二）单亲儿童有上升趋势

我校每 10 个学生里就有一个是单亲家庭，来自单亲家庭的孩子与留守儿童有很多情况类似，体现在因家庭教育缺失造成孩子在学习上、行为习惯上都缺少有效的陪伴和指导。此外，单亲家庭的孩子对周围的事物有时会持负面甚至恶意的评价，容易在小小的年纪人生观、价值观上就受到不良的影响。这表明，单亲儿童在行为处事、心理健康等诸多方面都有巨大的教育需求。

（三）部分教师素质不高

我校有部分老教师是直接从民办学校转正过来的，虽然有丰富的教育教学工作经历，但由于没有受过专业的教育训练，这部分老师教学方法呆板、老套，缺乏创新和活力，其丰富的经历并不能转换成有价值的经验。最重要的是他们只关注学生学习成绩的提高，并不关注学生自身的健康发展和生活状态，缺乏对学生的心理疏导和人文关怀，不能与学生之间建立良好的互动，这也导致师生关系冷漠，间接使学生产生厌学的情绪，结果就是学习成绩不尽人意。另外，音体美学科大多是语数英教师兼任，他们没有受过专业的培训，缺乏音体美专业方面的知识，因而缺乏教学活力，这也是乡村教育教学落后的因素之一。

二、乡村教育困境突围

（一）针对留守儿童和单亲儿童问题的措施

第一，我校首先做好与留守儿童家庭、单亲儿童家庭的联系工作，要求外出务工、离异的家长明确监护人，并经常与孩子所在班级的教师保持联系。

第二，我校要求各班班主任做好留守儿童、单亲儿童档案登记。档案内容包括儿童姓名、年龄、性格、兴趣、特长、身体状况，儿童父母的姓名、务工地、联系方式，儿童第二监护人姓名、地址、联系方式。并将这些信息汇总，学校、班主任及科任教师各执一份，便于开展相关工作。通过建立“联系卡”，学校加强了与学生家长或其他法定监护人的联系，也为留守儿童和单亲儿童开展有针对性的管理和教育提供了基础。

第三，我校根据留守儿童和单亲儿童的实际情况，动员和组织学校的教职员工对他们进行分组结对开展帮扶活动，随时掌握孩子的思想、学习、生活方面的情况，尽最大可能及时帮助解决他们的实际困难，使留守儿童和单亲儿童得到学习、生活、心理健康、情感交流和思想上的关怀和帮助。

第四，我校每周开展针对留守儿童和单亲儿童身心发展规律的心理健康教育课，化解他们心理压力，引导他们走过人生发展的关键时期。并设立心理咨询室，有针对性地开展心理咨询活动，增强学生的心理调适能力。

（二）针对乡村部分教师素质不高采取的措施

1. 相互拜师

尽管学名师是提高教师素质的一条捷径，但那毕竟受到多方面条件的限制，根据我校的实际情况，在学校内部，年轻教师向有丰富教学经验、较强教学能力的老教师学习。他们的经验是一笔宝贵的财富，加之他们对同校年轻教师的指导、培养不受时间和地点的限制，双方的交流也能更充分，更自然。此外，老教师也向年轻教师学习新的教育理念、模式，学习运用新的教育技术。以老带新，以新促老，与时俱进。这是目前我校教师素质提高的重要方式。

2. 培养教师特长，提高教师创新能力

素质教育的根本是培养学生的创造力。教师的创新能力是培养学生创新学习的先决条件。我校因缺少音体美等学科的专业教师，要实现学生的全面发展，就要先促进教师专业素质的提高。我校力主教师要从繁忙的工作中跳出来，读读书刊，练练技能，鉴赏艺术，让自己变得有一技之长，快乐起来。只有教师乐教，学生才能乐学。教师有了自己的特长，在指导学生中才会更加得心应手。

3. 培养一批学科带头人

我校通过组织示范课、研讨会，凸显学科带头人的引领示范作用。学校拟定每学期组织学科带头人开展示范课、研讨会。由学科带头人根据教学实际，组织相关教师共同示范及研讨。做到每堂示范课后由授课的学科带头人讲述个人的教学构想，并相对完整地表述教学过程中的教学成果，做到教育理论和教学实际相结合。

我校为学科带头人稳定、持续发展创设有利的外部环境。对学科带头人适时加工作担子，如教研组长、公开课及各类检查推举授课等，驱使教师“内动力”爆发。并进一步适时提出新的工作要求，促使其沿着教学能手、学科带头人、名师的轨迹发展。经过 3 至 5 年的培养，让部分骨干教师脱颖而出，成为教师群体的领头人。

三、乡村教育的发展之路

（一）基于乡村教育现状，做适合的教育

当前乡村学校有很多留守儿童，这些留守儿童大多家庭成员关系不好，很多是单亲儿童。他们的家庭相对贫困，一定程度上导致心灵生活的困乏，从小爱的缺失、安全感的匮乏与交流的阻隔，使这些孩子内心孤独，有的甚至人格偏激，这样的结果要么是个体人格的整体退缩，要么就是走向反社会人格。对于一个人的成长而言，健康向上、自信阳光无疑是至关重要，甚至是最重要的素养。低龄阶段教育，与其说其核心是教知识，毋宁说其根本意义就是教人。

在小学阶段，我们明确培育学生健全而丰富的内心是我们乡村教育的灵魂所在，是一切教育的出发点。因而，广大的乡村学校，要珍惜和利用大自然的馈赠，带领学生走向田间地头，从乡村劳动中走向自然，并以此为基础让广大留守儿童感受生活的单纯、宁静、质朴与美好，给予学生健康向上、自信阳光的人格教育。

（二）挖掘乡村生活特点，做相辅的教育

教育不是灌输，而是点燃火焰。乡村孩子更需要的是表达、被倾听、被关注，自我认同是认同他人的基础，这是一个人最基本的需求。增进个体自我认同最好的教育方式，就是怀着真诚的爱走近乡村少年，信任他们并且得到他们的信任，融入乡村少年的世界之中，成为他们生命的一部分，让原本孤独的他们愿意向老师敞开心扉。

我们从事乡村教育的人，要善于发现学生身上的闪光点，深入挖掘乡村生活特点，除了传统课堂教授知识外大力推动劳动基地的建立、手工制作社团的成立、家乡美食（煊饼）的传承等，帮助乡村学生开辟表达、被倾听、被关注的渠道，在劳动中带领学生感受乡村带来的快乐，用集体的陪伴与关怀，促使学生进行积极的自我认同，培养和谐的生生关系、师生关系，这对于乡村学生的健康成长是至关重要的。

（三）培养乡村优秀教师，做有根的教育

教学成绩好的教师不一定是优秀的教师，但优秀的教师绝对是一个充满爱的教师。一个人的健康成长最重要的基础就是有一个幸福的童年，而在这个阶段父母的陪伴与教师的引导作用极为关键，对于乡村学生而言、对于留守儿童而言，遇到什么样的乡村教师，在一定程度上可以说能直接影响到他们一生的发展方向。

学知识相对容易，学做人才是难点所在，这就要求乡村教师不仅要拥有教学素养，更要充满对乡村学生真切的爱与责任。乡村学校必须注重对教师进行“爱的教育”培训，因为只有建立在爱与理解之上的教育才能切实引导乡村学生的健康成长。要知道影响一个学生，就是影响一个家庭，甚至几个家庭。即使这个学生没有特长，成绩也不优秀，我们的教育同样可以让其形成健全的人格、正确的三观，并努力让其一点点为了自己的人生奋斗！

少年强则国强，国家的兴旺在于教育，只有解决了当前乡村教育的困境，才能为实现乡村振兴战略提供源源不断的后备力量。

（王志超，河北省衡水市故城县建国镇要庄完全小学校长）

农村小学发展必须有“几手”

在国家持续加大对农村基础教育支持力度的当下，我们已经实现了基本的均衡发展，农村小学应该把注意力由关注硬件改善到关注提高管理水平，下大力气，深入挖掘内部潜力，找准“抓手”，找到“扶手”，通过全员“动手”，促进现代教育理念的农村化、本地化，实现农村教育的优质均衡发展。

一、管理找准“抓手”

农村学校几乎成为“薄弱”“落后”等的代名词。但农村教育有其独特的价值，农村学校也有其办学条件的先天优势。在农村小学当校长，要把握教育规律，立足农村实际，在管理上找准“抓手”。

卫罗庵小学是城郊的一所农村小学。2019 年到校上班的第一天，我就发现这所小学绿树红楼、花坛菜园，很是精致。经过一段时间的调查和酝酿，我们提出了“精致教育”的办学理念，除了要把育人的物质环境进行独具匠心的打造，让学校变得精致外，更要将“尽精微，致广大”作为一种学校精神和文化追求，既要胸怀远大理想，又要脚踏实地做好眼前的每一件小事。

农村学校资源有限、人员有数，一定时间内要集中精力做一件事，要一件一件事做，做好一件再做一件。在管理上要求要明确，措施要精准。卫罗庵小学落实“精致”理念主要从三方面入手：

第一，行为抓“序”。用“尊长有序、行为守序”教育学生仁爱诚敬，文明循礼。在“精致习惯一二三四五”的反复要求中，在“见到尊长问好行礼；上下楼梯靠右行走；入室即静，就座不语”等监督落实中，培养尊老敬师之情，遵规守纪之习。

第二，课堂抓“效”。用“以生为本、因材施教”引导教师把课堂教学的观察点转移到学生身上，达到学生更多参与的过程目标，会学、学会的结果目标。在听到课堂上“质疑声、回答声、争论声”的过程中、课后反馈的“双80”（80％以上的学生基本掌握知识要点，形成基本能力，具有良好兴趣）的结果中，形成有效学习。

第三，社团抓“活”。用“榜样故事、新学堂歌、潭腿学习”丰富学校生活，培养兴趣爱好。讲榜样故事、唱新学堂歌、潭腿练习等社团活动，兼顾自由选择和自我兴趣，在会唱3首新学堂歌、会讲3个榜样故事、会跳3支手语舞、爱好运动等基本要求上，锻炼学生听、讲、演、跳等能力，打造活力校园，陶冶情操，进行美育启蒙。

二、发展借力“扶手”

农村小学无论硬件还是师资相对单薄，很多学校能够维持周转已经不易，单靠自身发展，只能是捉襟见肘，心有余而力不足。因而，农村小学要想发展，眼睛要“向上看”——积极争取教育部门的持续支持，更需要向“身上看”“身边看”——强化资源意识，找准“扶手”，善于借力。

第一，向地域资源借力。农村小学地处农村，淳朴民风、自然景观、文化符号等都是农村独具的教育资源，是城市较为缺乏的独特资源。卫罗庵小学位于京杭大运河流过的冀南平原腹地，村周围有几百年的古寺、古槐，也有新兴的现代化企业、金丝菊等特色种植；有几千年的传统风俗，也有几十年前的战斗故事。挖掘地域文化，我们开发了“卫——志向——立己达人、罗——品格——悦己容人、庵——个性——童心绽放”三大课程，支撑学生全面发展。

第二，向家长资源借力。学校连着千万个家，社会就是大课堂。每一个孩子的身后是一个独立的家庭，是一个独特的“人才库”。学校和家建立统一战线。在学校老师教知识，在家里家长教习惯；老师走进家庭，指导家庭教育；家长被请到学校，拓展技术技能。家长带着上坷垃味的语言，带着泥土气息的现身说法，让教育和社会生活无限贴近。

第三，向同行资源借力。农村学校有共同的困难，也有各自的优势。关注同是农村学校的“身边人”，彼此搞好联谊，经常互相交流，互通有无，资源共享；多动脑筋，和县级、市级等有优质资源的学校“攀上缘”“结上亲”，经常“串串门”“唠唠嗑”，获得其他学校智力、硬件上的支持。卫罗庵小学是县第一小学的分校，正是“背靠大树好乘凉”，近几年获得了长足的发展。学校还争取到县一中的支持，和玉兰小学等学校建立联盟关系，为学校发展提供了后劲。

三、落实全域“动手”

执行是成败的关键。农村学校规模一般不大，师资相对紧张，以学校共同的愿景凝聚人，以发现老师独特的价值，赋予不同的职责，同向同行、同心同德，练基本功、打“组合拳”尤为重要。

第一，全员“动手”。农村学校要减少层级，“集中兵力”，降低不必要的人员成本。横向上，学校要力推扁平化管理，人人都是教育者，人人都是管理者，真正实现人人育人，时时育人，处处育人。卫罗庵小学在校生 400 余人，所有老师都上课，所有老师都兼职，所有老师都育人。学校的常规工作通过微信等办公群及时通知，有牵头老师兼职负责监督落实。

第二，持续“动手”。农村学校一般缺乏统领性的办学理念，或者有了理念不能成为大家的共识，成为共识也很难落到行动中、长时间坚持做下去。农村学校要发展，必须要跨越理念、共识、落实、坚持这几道坎。纵向上，卫罗庵小学明确办学理念，不断强化对理念的理解和阐释，围绕理念制订“教师精致教育一二三四五”“学生精致习惯一二三四五”等具体措施。在贯穿“精致教育”和“学生立场”的基础上，具体措施年年补充，季季丰富。学校还制订了三年规划，一以贯之的把理念落实到实践中。

第三，多维“动手”。教育不是无本之木，不是无源之流，更不是没有昨天的新生婴儿。学校的过去需要尊重，传统需要继承和发扬。农村学校不应该是落后教育的代名词，需要对自己办学经验不断积累、总结，需要结合现代教育理念，进行整合反思和提升。农村学校需要在历史的回望、经验的梳理、过程的总结等多个维度，挖掘自己的文化，记录当前每一次活动的布置、督导及成果，不断沉淀、丰富办学实践，成为学校办学的独特资源，为高质量发展打下基础。

没有农村教育发展就不是真正的均衡发展，没有老百姓对农村教育的满意不是真正的人民满意的教育。要想把农村小学办好，必须思路上放得开，措施上能创新，执行上跟得上。

农村小学要想持续发展，要突破线性思维，必须要有“几手”。

（王自强，河北省邢台市临西县第一小学卫罗庵分校校长）

农村乡镇学区内部管理体制变革的实践与思考

随着合乡并镇的展开，1999 年 4 月栾庄乡教育机构调整为栾庄乡中学和栾庄学区两个机构，分别进行独立管理。栾庄学区对口原栾庄乡、小矾山乡下辖所有小学，由学区对辖区内资源进行合理配置，以形成有利于推动学区整体管理效能提高的治理体系。

20 多年来，这种由他组织向自组织转变的工作方式一度推进区域教育呈现出蓬勃的生机。但随着城镇化建设的推进，生源逐步向城镇和中心校汇集，很多乡村学校成为教学点、幼儿园成为混龄班，学区内因生源不均衡带来的诸多不均衡问题开始显现。

一、管理模式思考

2020 年 6 月 4 日我来到栾庄学区负责管理工作。通过走访学校我了解到栾庄学区由一所寄宿制学校及下辖的 4 个教学点组成，区域内涵盖 15 个自然村，区域间师资、生源、质量的不均衡问题日趋明显。其中，寄宿制小学生源学区占比 85％，承担了学区管理工作 90％，是全学区开展工作的中心和重点。可以说，牵寄宿制学校一发，能动学区工作的全身。

此时，若学区的工作重心还局限于划片均衡统筹的管理模式，就会造成资金、资源和人员的浪费；学区管理如果还处在独立地转发通知、布置任务、收集资料、均衡评价的位置，不深入学校了解发展现实，就会形成人浮于事的管理模式，落伍于协调、均衡、优质发展的需求。学区管理理念应当由平均用力，向以推动中心校为发展主体，辐射、带动教学点同步提升的思路调整。

二、工作持续推进

源于以上构思，自 2020 年暑期开学谋划并贯彻管理工作重心前移的思路，完成学区进校，领导兼课，2021 年底推进完成（此过程中，唐家洼教学点因生源流失于 2021 年暑期撤并，而黄土坡及小矾山教学点将于 2022 年暑期合并至寄宿制小学。全学区只保留寄宿制小学和下井沟小学两所学校）。

2022 年初，结合教体局机关科室设置和优化改革方案，我开始酝酿学区与学校管理的结构化梳理和调整，并于同年 3 月开始持续推进浸润式下沉，完成学区与学校合并，实现双岗双责的融入式管理（学区与学校岗位、职责一体化）。由学区校长、副校长、副书记、主任融入学校，合并办公，分别担任学校校长、书记、副校长、主任，负责学校具体分管工作，进行扁平化管理，实现学区即学校的工作统筹，简化推进程序，提高工作效能。

这样，党建、教育、教学、科研、卫生、防疫、交通、安全、考评、总务、后勤等学校运行的各个环节都得到了自上而下的贯通式落实。虽然因为对接的变化或者个人工作的调整还处于摸索和熟悉阶段，但是运行模型已经形成，逐步规范后的内涵式发展会在后续的工作中显现出来。更重要的是，管理干部进入学校，实现了去行政化的业务发展，能够及时了解一线师生的工作、生活实际，有针对性地调整管理、教学策略，节约化办公，切实、有效。

而对于全校性活动，本着谁负责谁组织，其他职能处室密切配合的原则进行推进。这样落实下来，各项工作就都能够有条不紊地开展。

三、优化细节管理

以上管理工作，以教学规划管理处为例，负责学年学校及学区教学教研的规划制订及相关的落实、评价工作。分设常规教学和教研管理两个主任，分别对口教育科学研究中心和教师进修学校，负责常规教学开展、落实效果评价及教师培训和教学研究工作。二者既有独立分工，又有相互协作。结合《河北省教育厅关于加强义务教育阶段学生作业设计与实施工作的通知》精神，教研管理负责《小学学科有效作业设计研究》主题教研工作，开展主题教研的理论学习、教师培训、教学研究、青年教师培养；研修成果的推广和效能评价由常规教学主管负责。

从学科上说，划分语文、数学、英语教研组，选择成熟、敬业的老师担任学科教研组长，校长、主管副校长、主管主任根据专业特长分别参与过程性工作和指导，认真开展教学研究。通过集中研讨、集体备课、设计展评、课堂实践、评议诊断、完善修改、成型设计等步骤，逐步推进教学研究规范化实施，切实提升课堂教学和作业设计的有效性，为教师课堂有效护航，为学生课业减负、提质保驾。目前，教师们应用相应的电子案例，对教学程序进行个性化修改，成为自己的教学设计；教学案例中的前置作业、题例应用和课堂训练、课后延伸作业进行独立设计，既符合班级学生学习实际，又体现设计分层，兼顾了数量和质量，基本符合双减要求。尤其是三至五年级，同年级、学科教师相互协作，完成了分层作业的设计，用作业纸的形式下发学生，形式和目标的指向性较为明显，能够发挥校内借鉴作用。

其他职能处室机理同上。教育规划管理处负责教育、安全、卫生、艺体、信息宣传，分别对口教育科、思政艺卫科、法制安全科、信息宣传科、体育科；学区支部负责党建、扶贫、工会、基建工作，对口党建办、行政办公室、发展规划科、关工委、财捐科部分业务；财务负责计财、人事等工作，对口干部人事科、财捐科；中心幼儿园负责学区学前教育教学规划与发展，对口学前教育科。

以上各职能处室各司其职，能够最大限度地保障教学工作正常、有序展开，逐步推动教学教研工作高质发展，实现质量逐步提升的发展规划。

四、阶段工作考量

栾庄学区教学点较少，管理相对集中，这种下沉式管理具有一定的可行性。但有的学区教学点多，且相对分散、均衡，阶段性融入管理可行，但操作起来就有一定的难度。首先，学区管理人员面面俱到的管理会因为时效性不能保证，导致“面面不到”的局面；其次，因为各校情况不同，也无法让所有学校削自身因地制宜发展之足去适应通盘均衡管理之履。

当然，栾庄学区的变革尝试也在初步运行阶段。因为运行磨合尚在进行，所以对教学点的引领和带动还不能够做到完全兼顾。下一步，我们将进一步规范各职能处室工作，总结经验也反思不足，助推精细化管理，使各项管理既可以丰富自身内涵，又能够辐射隶属校协同进步，实现区域内教育教学向真正的优质、均衡迈进。

作为乡镇教育的管理者，总体工作思路是切实把脉教育现状，因时因地调整管理策略，切实为县域教育做好基础服务，确保县域教育教学整体、均衡发展。本学区内部管理体制调整源于以上思路，推进工作重心由介入式前移向下沉式融入过渡程序，实现职能管理向实践落实蜕变目标。

（陆瑞臻，河北省张家口市涿鹿县栾庄学区校长）

新校长的第一脚

2016年6月，我被调任到唐山市乐亭县姜各庄中心小学。初来乍到，对学校的基本情况不甚了解，人际关系生疏，要顺利开展工作首先要摸清学校底数。我每天小心谨慎，细心观察，除了查阅学校档案、与相熟的同学朋友交流、和上级领导了解情况外，还经常到办公室同教师聊天，向学生、家长甚至校门口的路人问话。别人以为我是个爱聊天的闲人，其实我这是在深入基层开展调查。很快我就发现学校虽为中心小学，但是疏于管理，老师的工作积极性、主动性欠佳，原因有二，一是各项规章制度虽然非常健全，但某些细节脱离学校实际，操作起来略有难度；二是老师们在教学方面精力投入不足，原因是对学校工作分配、激励机制不满，认为此方案是校长对各学科教师的付出不一视同仁的最直接的表现。

要解决问题，除了找到问题根源，还必须了解老师需求，更要找到改进的方向。初步摸清了底细之后，我和班子成员开展分工合作，广泛深入群众了解情况，请他们针对不合理之处提出修改意见，争议比较大的问题，要找不同类型的老师反复商讨。向老师们征求意见还要不动声色，既要避免引起老师反感，也要避免老师因为向校长提建议而树敌。我征求意见的技巧独到，“小×老师，借你脑子用用，你看这……”，“×老师，你数学了得，帮忙算算，这分值是否合理?”，“老前辈，早发现你很有想法，您看这类问题怎么解决?”，“才女，请教一下，这段文字的表述老师们会不会有歧义?”……不久，一份崭新的、切实可行的规章制度成型，教师分工初步意见，各学科教师激励方案出台，老师们士气大增，工作热情之火被重新点燃。一年多的时间，依靠领导班子成员的力量、依靠各位老师的智慧，很轻松地理顺了学校各项棘手问题。目前，上下同心同德，正沿着学校发展目标奋进。

增强民主意识，发扬民主作风是校长实施管理的保障。管理者只有真正发扬民主，让下属有主人翁责任感，才能充分调动其工作积极性，才能真正把校长从琐事中解放出来，集中精力策划学校发展前景。民主的内涵是全体教师参与学校事务，校长在学校是否依法公开、公平、公正地行政，是全体师生共同关注的极为敏感的问题。实现学校管理民主化，是教育体制改革的一个重大课题，是学校管理现代化的重要组成部分，是保证全体教工行使当家做主的民主权利，是调动教职工积极性、办好学校的关键。

学校实行校长负责制，并不是校长一手遮天，教职工民主权利在手，才有全校上下"一岗双责"甚至"一岗多责"，充分发挥教职工的参与管理和民主监督作用，才有同心同德，共赢共进的良好局面。

经过了解、分析我知道前任校长由于年龄大、精力差，在制度不切实际的情况下，实行流于形式；工作安排及激励的不平等性也导致教职工的积极性、主动性难以调动。因此，我在制度建立健全后，综合运用民主管理方法。如坚持在管理过程中与教师的平等性，为参与管理提供"心理背景"和精神动力；提高民主管理的自觉性，坚持合理分权、各司其职、各负其责；增强民主管理的主动性，深入群众，广开言路；讲究民主管理的艺术性，结合实际，创设情境，把握分寸，充分调动各方积极性；实行校务活动公开性，这是创设参与民主管理氛围的核心问题，公开用人、理财、办学情况，使教职工进入角色，激发教职工维护决策的责任感和执行决策的自觉性；加强自身责任感，严于律己，身先士卒，身体力行，"己所不欲，勿施于人"，持之以恒，使自己的言行尽量贴近实际、贴近教师，为教职工参与民主管理创设持久不衰的民主和谐的氛围。在实践中，我真正做到了以下三点：

第一，人人参与管理。将权利合理分配，让校长、主任、教研组长各行其职，调查研究，然后将工作分配及激励方案修改意见呈报上来，让他们体会到校长的信任，充分调动他们的积极性。办好学校要集思广益，教师是直接的践行者，最有发言权，把教师作为主体，校长权力的集中才有坚实的基础，威望才能在群众中自然形成。校长的民主意识，需要通过建立相应的监督、制约机制得以实施。

第二，尊重下属。增强民主意识的关键是尊重教师。尊重是相互的，尊重教师就是尊重自己。尊重教师我做到了看到每位教师的优点、长处；以诚相待，平等待人；能倾听各种意见、建议和批评；尤其要耐心倾听反对意见，正确对待牢骚。虽然来校时间不长，我通过调查研究却能准确发现他们各自长处，并能用其所长，避其所短，以期达到知人善任。善于听取不同意见使得信息沟通顺畅，利于及时发现和克服工作中存在的缺点和错误，不至于成为孤家寡人。

第三，营造健康心态环境。创设民主氛围的关键是优化学校内部心理环境，其核心是要形成民主、平等、友好、融洽的人际关系。人际关系是人与人之间在一定社会生活条件下，通过交往建立起来的比较稳定的心理关系。学校内部良好的人际关系不仅直接影响着每个人的工作热情和工作效率，而且影响着每个人的成长和发展。在人际关系中，起决定作用的是情感成分。用真心真情对待教师，教师才能与校领导建立良性互动的人际关系。

新校长的第一脚让我更加坚定，民主管理必须贯穿于学校管理活动的各个方面和全过程，使民主管理制度化。学校管理民主化的关键是决策民主化。只有决策民主化，才能使学校管理和各项改革有广泛的群众基础，决策的科学化必须有科学的决策程序和方法。教职工参与学校事务、发表议论的最好状态是和谐环境、情如一家状态下的“群言堂”，只要校长善于引导，正确对待，就能为校长权力集中提供坚实的基础。

凡事都说前三脚难踢，踢好第一脚真的是一个漫长、磨人的过程。刚刚走进这所学校，校长要踢好第一脚，必须熟悉前任校长的强项和弱项，在前任校长的强项上继承，弱项上开拓。另一方面，要清楚当前学校和自己的优势和劣势，能扬长避短，带领师生员工最大限度地把学校的绝对优势、相对优势和比较优势做强做大。

（王跃林，河北省唐山市乐亭县姜各庄中心小学校长）

乡村学校如何留住教师

偏远山区留住老师，说实际的这个很难。远离家庭、久离亲人、交通不便、购物不便、环境闭塞、孤单寂寞，工资较县城学校并没有更多。这样的现实条件是很难说服教师留下来的，我们的办法是带着老师们学着事从两面看，有其不利，就有其利，如果硬件条件没法改变，我们就改变思路，把不利变成有利。

乡村学校缺老师，每年到了特岗教师分配的时候我们都急切盼望着特岗教师到来。曾经有特岗教师分配到我们这里，欢迎仪式我们准备了好几天，哪知道新老师刚一下车，扭身又上了车。对于年轻人的选择，我是能够理解的，乡村里的生活和工作环境跟城市里差太多，如果不能接受这样的环境，不能认同乡村的文化，他们是在这里待不住的。能够选择留下来的，多半是对教育事业有着热爱和期许的，我告诉他们几句话：既来之，则安之；快乐是一天，不快乐是一天；提升自己和荒废自己，都是自己的选择；老师是良心活儿，我们不能做到鞠躬尽瘁，但是我们得做到当老师一天就要奉献一天。

老师们的心思初步稳定下来了，就要为这些甘于奉献的老师们谋一些福利。当老师确实需要讲奉献，但当校长不能只耍嘴皮子，既然乡村学校的发展依赖老师，我们就要想方设法让老师们体会到乡村学校的独特美好。

我们虽然挣得少，但是我们会省钱，省下的就是挣下的。购物不便、交通不便、回家周期长，表面不利，但是减少的购物、交通成本为我们省下好多钱。考虑到老师们往返探家的需要，我们把作息调整为上班 10 天，放假 4 天，这就等于每个月能有两次“小长假”，这期间，老师们可以和亲人团聚，可以购物、旅游，生活节奏有张有弛。这是山区学校的美好之一。

我们虽然地处偏僻，但是我们的办学环境优越。远离闹市，无交通安全之烦心，无机械嘈杂之扰心，无繁多检查之闹心。只闻鸡鸣狗吠，只见厚道乡亲。树木郁郁葱葱，鲜花芬芳四溢。在学校感恩文化指引下，学生感恩，教师淳朴，校园氛围其乐融融。学校开辟了幸福菜园可以自给自足，快乐无穷。这是山区学校美好之二。

我们有了更多一起学习的时间，就可以更好实现专业素质的提升。学校开展了每周一反思（小论文）、一教研，一反省汇报活动，这构成了年轻教师提升专业素质的平台，也是教师闲暇生活中的乐趣之一。我常和老师们说：眼光放得远一点，调到县城是最低要求，有本事我们去北京。山区家长要求虽然不高，但我们能放开手脚提升自己业务能力，为调到更好条件学校打下坚实的基础，是金子在哪里都能发光。于是在我们的学校，你会经常看见老师晚上加班加点忙工作、尽心尽力辅导学生。没有人说累，没有人说苦。结果是学校仅有的 10 多名教师，都获得过县级教学评比奖项，有的教师在市里也开始拿奖，教师们在家长的心中口碑也不错，调走的教师在新的学校也成了骨干教师。毕业生们在所在学校大部分也是名列前茅，有的还是第一名，所在校都给我校发来喜报。这就是教师的幸福！也是山区学校美好之三。

压力小、动力足，实现妥妥的职称晋升。城区学校的教师多，职称岗位少，竞争激烈，晋升机会少，而我校教师少，每年至少都有 1 个职称岗位。老师们在评优机制数字说话的情况下，公平公正，没有异议，如课时签名制，评先以教学奖为准、以成绩为主等数字评比，使教师安心教学，安心提升。我们的乔老师跟我说，她采用的“小老师”教学，孩子们兴趣浓浓，往往是她课程没讲孩子们作业就做完了，孩子们最怕请假误了课堂。好多孩子从原来的五六十分提高到八九十分。这也是教师的成就感啊！在这样制度下，教师没压力、有动力，5 年都能满足职称晋升条件。这样的学校，你来不来？这是山区学校美好之四。

总的来说，教师调不调走，我们管不了，但是，我们能给教师一个温馨的生活环境、安心提升的工作环境、人人懂感恩的校园环境、调到离家近的学校前职称保晋升的后勤保障环境。这样的学校怎能不出成绩？这样的学校你来不来？

（高有，河北省张家口市蔚县王庄子完全小学校长）

办一所让教师留恋的乡村学校

朝阳地小学地处围场县最东端，离围场县城 60 公里，与内蒙古赤峰市接壤，距离赤峰市区 70 公里，学校现有学生 756 人，教职工 44 人，有 32 名青年教师，分别来自唐山、承德、宽城、围场县内其他乡镇及内蒙古自治区。外地教师这么多，怎么减少教师流动，保持学校稳定发展，是每一校长都面临的棘手难题。如果说教师们因为家庭等原因要离开，我们确实无法留住，但我们可以想办法做到让他们留恋这个学校，因而舍不得走。

一、办一所让教师留恋的学校，我们需要反思：作为校长应该为教师做什么？

多数校长一直把“办群众满意的学校，办家长满意的学校，办社会满意的学校，办学生满意的学校”作为学校的办学目标，却很少提“办教师满意的学校”。要使学生、家长、社会对学校满意，首先要做到教师对自己的学校满意。如果一所学校，连本校的教师都满是厌倦，满腹牢骚，那么这所学校怎么能有好的发展？怎么能让学生、家长、社会满意？教师是办好人民满意学校的第一资源，让教师留下来安心乐教是一所学校发展的动力。

（一）建立让教师舒心的管理机制

学校管理应当以公正公平为原则，以情感关怀为内容，以规章制度为手段，努力做到让教师在学校工作学习心情舒畅，让教师心甘情愿地把事情做好。如果教师们感受到学校领导尊重自己，感受到自己的价值，他们会以身作则，有所追求，有所作为。

（二）创设让教师安心的工作和生活环境

教师平时工作紧张，如果因为班子的不团结造成心理紧张加剧，特别是不愉快，教师会感到很累，应当让教师在紧张的工作和生活中有心灵的放松。这就要营造和谐的人际关系氛围、积极向上的工作氛围、公平原则下的竞争氛围，创设一个氛围温暖的工作和生活环境。

（三）搭建让教师专心工作的平台

学校把教师看成什么样子，教师就会成为什么样子；教师把自己当成什么样子，就会让自己发展成什么样子。学校应该积极引领教师营造集体创优的氛围，引领教师走专业化发展之路。帮助每位教师制订个人成长规划，建立个人成长档案，打造“名师塑造工程”，促进教师成长、成熟、成名，激发教师的工作动力。我们只有脚踏实地，一步一个脚印，引导教师每天进步一点点，日积月累，教师才会不断超越自我，不断向更高层次发展。

在一个集体里，如果大家都在关注着工作本身，都在做着自己有兴趣的工作，那么这个集体的氛围必定是简单而又积极的。学校通过搭建平台引领教师把心思用在工作上，把精力用在教学上，把智慧用在育人上。学校积极为教师专业化发展搭建“五大平台”：开展“每人一堂好课活动”，为教师搭建活动展示的平台；健全教学反思制度，为教师搭建自我反思的平台；加强集体备课、集体研讨，搭建研究交流的平台；加强业务指导和培训，鼓励教师学习进修，支持教师外出学习，搭建学习提高的平台；支持教师参加各种业务比赛活动，定期邀请教研员、专家到学校指导课堂教学，搭建自我实现的平台。一所成功的学校，不仅是学生幸福成长的学习乐园，还是教师幸福工作的精神家园。一所教师满意的学校，也会是学生、家长、社会满意的学校，也才是真正意义上的学校。

（四）开展让教师开心的精神文化活动

教师的压力来自各方面，而乡村教师的娱乐环境更是堪忧，所以学校要利用现有资源为教师排解压力，让教师能够每天充满能量、自信地走上讲台，走进教室。

二、办一所让教师留恋的学校，我们需要知道：怎么让老师舒心、安心、专心、开心？

（一）团结和谐的班子队伍建设

“上下同欲者胜。”2014 年 5 月 8 日调入朝阳地小学，一直到暑假，我没有盲目的安排班子成员，当时没有教导主任，没有德育主任，学校大小事务都是我一个人负责，开学后我自己选好了 3 名有能力、人品好的老师任我校教导主任、德育主任、总务主任。搭建好领导班子后，我就告诫我们的主任：

第一，要树立服务意识，不要当“老爷”，自己能做的事情不指使老师，让教师有尊严地工作。

第二，领导班子要起带头作用，创造和谐融洽的团队氛围，让教师工作舒心，乐于教学。有些时候，工作本身并不会让人觉得累，让人觉得累的反而是工作中遇到的需要处理的人际关系，和谐的校园人际关系会给老师带来温暖，增添工作动力。

第三，世界上没有绝对的公平，那我们就努力做到相对公平，很多老师是满怀热情与初心从事教育行业的，努力维护住这份初心，需要被浇灌的不仅仅是学生的梦想还有老师的，很多老师需要机会。

第四，有人说如果教师生涯中有幸遇到一个温暖的领导或者一批温暖的学生，这份幸福就足以支撑整个职业生涯，这份幸福也是不懈努力的原动力，所以让老师每天看到领导的笑脸，让孩子每天看到老师的笑脸。有些问题在温暖的笑容中能解决得更好。

第五，领导要有推功揽过的胸怀，多给教师创造“出彩”的机会，不能只问教师的“责”，多为教师遮风挡雨，让教师有底气，感到温暖。

（二）让教师拥有家的归属感

“感人心者，莫发乎情。”真心地去为每一位教师考虑，解决他们的后顾之忧。学校大力筹措资金先后改善了教职工的食宿条件。民以食为天，学校的伙食总是不断的改良增进，除了每天中午的四热一凉之外，早餐为教师提供免费豆浆。宿舍里，一人一衣橱，有相对独立的卫生间，为教职工配备了浴室，热水随时供应，洗衣服、洗澡相当方便。为双职工提供独立宿舍，为哺乳期的教师安排宿舍，方便父母在学校照看孩子。老师们深切地体会到我在真心地帮助他们，想他们所想，急他们所急。从根本上去解决教师们的后顾之忧，让老师们的生活有了保障，老师们在学校才能拥有归属感，才能留住他们的人、留住他们的心。

（三）让教师获得工作上的成就感

“工欲善其事，必先利其器。”注重青年教师的培养与提高。教师不是不断燃烧的蜡烛，而是蓄电池，教师们在不断放电的同时也需要不断充电。通过听课给老师定位培养方向，有人巩固合格标准，有人则要向着优秀努力。给教师“定位”后，就要通过课前指导—上课—反思—调整教案—上二次课—再评—再反思，来进行循环跟踪指导。培养出来的优秀教师明确示范引领、听评反思的青年教师指导任务。除了校内合作学习，还要引进校外资源对我校教师进行有针对性的业务培训。我校是中国关心下一代教育示范基地校，自 2016 年起每年都有 4～6 名教师去北京师范大学参加免费业务培训。通过系列培养，2018 年我校何敏杰老师在参加县级评优课时获农村组一等奖第一名，2019 年我校刘建老师在参加县级评优课时同样获得一等奖第一名。2018 至 2019 两年间，我校先后有 26 名教师共获县以上奖励 70 多项。

（四）让教师享受校园生活的幸福感

自 2014 年起，我校连续 6 年举办教师艺术节、教师节趣味活动、元旦联欢等丰富多彩的文化活动。学校为教师开设多彩团建活动，增进同事之间的友谊，调节不良情绪，帮助老师缓解职业中的焦虑与倦怠情绪，保持乐观心态，培养个人兴趣爱好。一系列精心组织的活动，让教师们陶醉于欢乐的校园时光，拥有当老师的独特的幸福感！

（五）让教师减负前行安心乐教

2018 年春季开学，学校减掉了教师手写业务学习笔记和读书笔记的任务，推广使用电子教案，适应教育信息化改革，也方便大家传阅学习。下一步我们会继续减轻教师的工作负担，去掉一些行政化工作，少一些填报表册，让教师的时间回归课堂，回归教学。

（六）努力提升教师福利待遇

2015年12月，北雁集团王立东董事长为我校捐资30万元成立了阳光励学奖励基金，发放给工作、学习勤奋努力，取得成绩的师生。奖励已经连续发放5年，王立东董事长表示后续还要追加资助，继续为家乡教育事业做出自己的贡献。2016年6月，我校被中国关心下一代委员会确定为中国关心下一代教育示范基地，提供资金50万元，用来改善学校办学条件。

以上是我校近几年来的做法，取得了一些效果，我相信只要存公心，办实事，农村的教师也能留得住，教得好。

（陈文华，河北省承德市围场满族蒙古族自治县朝阳地小学校长）

用女排精神武装我们的教师队伍

2019 年 7 月，白云乡的小学教育遇到了前所未有的危机。在教学检查和校本研修中我们发现一些老教师职业倦怠严重，安于现状，不思进取；年轻教师缺乏职业精神，工作虚浮，畏苦惧难；更有甚者提倡无为而治，倡导阿 Q 精神，佛系管理。一系列问题折射出的是教师职业精神的缺失。

为了提高教育教学水平，我们在加强教师教研的同时，提出“用女排精神武装我们的教师队伍”来重振教师职业精神。面对“强敌”，我们需要女排无所畏惧、勇于战斗的亮剑精神；面对现状，我们需要女排扎扎实实、勤奋刻苦的工作精神；面对挫折，我们需要女排永不言败、顽强不息的拼搏精神；面对未来，我们需要女排刻苦钻研、勇攀高峰的进取精神。

我们在教学工作中，常常遇到这样那样的困难，如家长不配合，过分溺爱孩子，教学任务不能按时按量完成；学生没兴趣，难以自我把控，不能按期形成良好学习习惯；班级容量大，措施不易到位，班里学生两极分化严重；等等。我们号召广大教师学习女排精神，勇于正确面对，善于条分缕析，敢于解决矛盾，而不是怨天尤人，畏难不前，更不能无视矛盾存在，积小疾成大患，轻易地放弃教育主阵地。

女排之所以几十年来一直在世界排坛屹立不倒，最大原因就是平时的训练扎扎实实，勤奋刻苦。我们在教学工作中，缺乏的就是一以贯之的工作精神，往往是两头紧中间松，检查紧平时松，更有甚者是表面紧本质松。这样的工作作风怎么能培养出大批基础扎实，能力突出的学生？所以，我们严格要求广大教师，我们的教学必须要“实”，教学基本功扎扎实实，教学态度老老实实，教学能力牢牢实实，教学过程踏踏实实，教学成绩真真实实。

每一块金牌，浸满了女排队员对祖国的爱，每一个冠军，归功于全体队员的顽强拼搏。我们学习女排精神，学习模范老师夜以继日废寝忘食的工作精神，学习优秀班级师生奋进、勠力同心的团结精神。作为一名教育工作者，热爱祖国，就要有爱国精神，热爱家乡，就要有教育情怀。为此，我们提出，面对挫折，为了家乡，我们更需要有争先意识，需要有拼搏精神，拼他个与日月同辉，争他个与天地不老。

女排刻苦钻研、勇攀高峰的精神是最值得我们提倡和学习的。我们在学习和工作中往往以“差不多”自我满足：课堂教学差不多，教学重点差不多，授课内容差不多，学生练习差不多，课后反馈差不多。到最后形成的结果却是离教学目标要求差很多，离教师心中学生应具备能力差很多，离家长眼中学生应得的成绩差很多，这造成了教师与家长，教师与学生的各种矛盾。

郎平在面对女排队员时的一句话很好地诠释了女排精神：“姑娘们，好好想一想，你们爱排球吗?”同样，我们也应该问自己一句：“我们爱教师这一职业吗?”老教师默默奉献数十余载，依然奋战教学一线是爱；代课教师不计报酬甘为人梯，浇灌百花培育栋梁是爱；青年教师以校为家不惧寒暑，披星戴月夜以继日也是爱。教师职业道德中最重要的一条就是爱岗敬业，我们对广大教师强调“心中有爱才有一切”。我们的教学行为应该遵循“一切为了孩子，为了孩子一切，为了一切孩子”。

女排精神鼓舞了一代又一代人。女排精神一直在路上，所有奋斗者也在路上。我们号召白云乡的教育工作者们，立即行动起来，用女排精神武装自己，投入到白云这股教育大潮中来！尽情挥洒自己无悔的青春，无私奉献自己炽热的生命，将青春浇灌花朵，用生命托举未来！

“学习女排精神，努力成就自我!”正当我们齐心协力，攻坚克难之际，一场突然而至的疫情袭击了中华大地。面对疫情，我们没有被疫情吓倒，我们懂得“危机就是危险之中存在机遇”，我们要求老师们在疫情期间一定要把握机遇，超越自我，书写白云乡小学教育的新篇章。

一方面，学校按照上级“停课不停学”的指示精神，开展疫情防控和线上教学两手抓。总校教学管理干部分片包校，深入学校，深入班级，深入课堂；

各校广大教师精心准备，认真授课，分工协作，齐抓共管。另一方面，我们开展讲座，做好线上教学的培训，一批擅长信息技术的老师利用多媒体培训其他老师如何上好线上课程。无论年岁大小，无论职务高低，大家发扬一不怕苦，二不怕难的女排精神，在各个钉钉群、微信群、QQ群中不停地穿梭忙碌。

陈候学区李静老师作为小区的抽调人员，既要负责小区的疫情排查工作，又要负责空中课堂的班级直播工作。李静老师不辞劳苦，毫无怨言，加班加点，既没有耽误疫情防控工作，又使学生顺利完成当天的网课学习。陈候小学五年级老教师边红珍在钉钉群里召开家长视频会议，引导家长更好地配合老师督促学生完成网上听课任务，叮嘱学生如何更好地完成及提交作业，在群里直播指导学生怎样写好作文。疫情期间的扎实工作使得这个班的成绩不仅没有下降，反而为升入六年级打下了坚实的基础。

在疫情期间，教师们发扬女排的勤奋刻苦、无私奉献精神，涌现出许多可歌可泣的感人事迹。有的老师为了学生的网上学习，顾不上照顾自己的孩子；有的老师不断地与家长联系，时刻监控孩子的学习状态；英语教师们对于难题、易错题，通过微信或钉钉进行辅导，对学生们提交的读书音频和视频纠正发音；语文老师在线上开展阅读教学与作文教学……

新时期最可爱的人，除了白衣天使和戍边卫士，还有我们这个群体——人民教师。我们舍弃小我成就大我，舍弃小家成就大家，牺牲自己成就他人。疫情期间，我们强师德，铸师魂，防疫抗疫培育新人。在疫情之中，我们体会到师德精神的重要，体会到女排队员那种平时默默无闻，坚持训练，赛时舍生忘我，顽强拼搏精神的可贵。学习女排精神，完成自我升华，疫情期间一批批德才兼备的教师代表不断涌现出来。

2020年9月，我们召开了总校教学工作会议。会上我们对疫情期间的工作做了回顾，对今后的工作做出展望。我们明确了教育教学的工作中心目标，厘清教育教学过程中的工作思路，强调多角度的加强教学管理，多方面的执行有效措施，从而使我乡教育教学工作有策略，有步骤，有计划地稳步推进。我们明确了以“提高教育教学质量”为中心任务，学习女排的工作作风，一方面立足于白云现状，深挖内部潜力，教育教学从低年级打好基础，努力做到慎始而终，一以贯之，形成良性循环；另一方面我们要努力学习他人长处，时时处处审视自身不足，从而做到取长补短，不留短板。

我们学习女排的精神，不仅需要女排的勤奋刻苦、无私奉献精神，还需要女排永不言败、顽强不息的拼搏精神，面对未来，我们更需要女排刻苦钻研，勇攀高峰的进取精神。在与各科教师的座谈中，我们达成许多共识，如教学成绩的提升主要靠三个方面来支撑，课堂教学是主阵地，向 40 分钟要效益，课堂教学如果抓不住，教学效果就会打折扣；班级管理是主抓手，教师是中心，班委会、队委会是管理的核心，以中心带动核心，以核心带动整体，才能形成良好的班风及学风，才能为课堂教学保驾护航；作业检测反馈是助推器，只有作业和检测中的及时反馈才能将我们的教学成果最大化，及时发现短板、弱科，弥补差距，完善班级，整体提高。

学习女排精神，我们努力提高自身教学水平。通过听评课活动，我们对教师们进行了深入了解，对年轻教师进行悉心指导，中年教师通过活动也在反思和总结中得到了提高。一个优秀的教师应该是全方面发展的，但我们在工作中发现，在某些方面我们往往是不足的。所以，我们的教师一方面要立足现实，认识自我，互相学习，取长补短，锐意进取，勇于开拓；另一方面我们要脚踏实地，既不妄自菲薄，也不狂妄自大，学习田忌赛马，以弱胜强，扬长而避短，取得更多之胜利。

三人行，必有我师。我们学习女排，既重视自身的挖掘，也不忘记学习他人，成就自我。我们参考《蒲上总校教学常规检查表》，重新修订了《白云总校教学常规检查表》，根据学科特点以及各学区教师情况，我们制订了两套教学常规检查表，《三至六年级语文、数学、英语教学常规检查表》和《一、二年级语文、数学、科学、道德与法治教学常规检查表》。对于各学科任课教师的教学设计、听课记录、练习册、作业本、作文本、学习笔记、学困生转化记录都做了明确要求。这些规章制度既不给老师们造成负担，同时又能有效的督促教师成长，对于教学常规起到了促进作用。

学习女排精神，还要重视管理制度的学习。教育教学需要依靠制度约束人，管理人，教育人，影响人，培养人，发展人。因此，我们出台了《一至六年级考试制度》和《考试试卷分析制度》，规定在总校组织六年级月考及阅卷的基础上，其他年级学区组织月考及阅卷，每次月考后任课教师上交样卷及试卷分析、学情分析。我们还参考《逸夫小学优质课量化评价标准》，制订了《白云总校课堂教学评价标准》，以此为依据，选拔课堂教学能手，建立“白云总校课堂教学储备人才库”。这些工作为我们今后教学公开课的工作做好了前期准备。

学习女排，要学习女排严于律己、精益求精的精神。每次考试，总校及学区都高度重视，组织考试、选择试卷、安排监场、装订试卷、集体阅卷、考试分析，所有环节都严谨无误。尤其是在期中考试之后，总校教学管理人员下到学区，与任课教师一起，对照学生试卷，逐题逐人进行详细分析，被教师们称为“接地气”的教研活动，对教师们的教学态度起到很好的促进作用。

“生于忧患，死于安乐。”白云乡的小学教育在艰难与困苦中砥砺前行。“女排精神”与“白云精神”相融相生，经过我们总校学区上下齐心共同努力，白云的小学教育终于绽放出绚丽的希望之花。回顾以往，审视自身，我们依然存在许多不足亟待改进。如英语教学的水平需要提高，某些老师的责任意识比较淡薄，副科老师缺乏课改意识不求变化，等等。我们也相信，随着时间发展，女排精神会带领我们将这一个个困难的堡垒逐个攻破。

“雄关漫道真如铁，而今迈步从头越。”面对未来，我们依然会坚持总校制订的“一个中心，两种思路，三个角度，多措并举”的十六字方针开展教育教学工作；以“立足现状，深挖潜力，打好基础，良性循环”和“学习他人，取长补短，扬长避短，不留短板”为工作思路；继续抓好班级管理的建设，提高课堂教学的能力，做好检测反馈的提升工作。在工作中，我们一如既往要坚持学习女排“勇于战斗，敢于战斗，善于战斗”的精神。

白云的小学教学，正行进在希望的路上，虽不平坦，但白云的教育工作者有信心，有勇气，有能力踏平坎坷，一往无前！

（吉鸿宇，河北省保定市顺平县白云乡小学总校教导主任）

依托育人导师预防寄宿学校校园欺凌*

《中国农村教育发展报告 2016》显示，截至 2015 年底，全国农村初中寄宿生总数达 1 681.3 万人，寄宿率达 58.6%；《中国教育发展报告（2019）》显示，截至 2017 年底，全国农村小学寄宿生有 934.6 万人，占农村小学生总数的 14.1%。农村寄宿制学校的建立能够有效整合教育资源，缓解农村地区学生往返家校奔波的压力，延长学习时间，提高学习效率。

然而，过寄宿生活，学生在较为密集的相处时间和相对封闭的集体空间中更容易产生矛盾冲突，有些甚至演变为校园欺凌行为。研究表明，与非寄宿制学校学生相比，寄宿制学校学生遭遇的同伴侵害更多，其生活满意度及心理健康水平更低。北京大学中国教育财政科学研究所黄晓婷等人研究发现，农村寄宿制学校同伴侵害的检出率达 16.03%。

辛集市新城民族学校是一所九年一贯制农村寄宿学校，五至九年级学生在校寄宿。近年来，为保证寄宿学生的健康成长，我校对预防寄宿生校园欺凌进行了积极有益的探索。通过开展课题研究，我校已成功立项了省级课题“‘育人导师’对农村寄宿制学校贫困学生健康成长积极作用研究”。学校引入并试行“全员育人导师制”，教师们从“行动研究”“个案研究”等方式着手，探索导师育人新路径。

一、搭建组织框架，全面发力

“全员育人导师制”是由全体教师参加，以全体学生为导育对象，以促进

---

* 原文发表于《河北教育（德育版）》2020 年第 09 期，第 42—43 页。

学生全面发展和健康成长为目标的一项育人制度。该制度借鉴大学导师制，在班级授课制的基础上，为每个学生配备育人导师。导师通过一对一的个性化教育，全面、全程负责学生的健康成长，营造风清气正、和谐有序的校园环境。

为保证导师的导育工作落到实处、取得实效，学校成立了以校长为组长，德育副校长、骨干导师为成员的领导小组，由校长直接负责导师工作。每学年伊始，结合学生住宿情况，学校为每个孩子配备导师，每名导师负责 10 名左右的学生，并举行隆重的“拜师”仪式，明确导师工作职责，增进师生情谊，提高学生的归属感和导师认同度。每学期开展优秀导师评比，总结先进经验，表彰先进典型，调动导师开展导育工作的积极性。

学校每月召开导师工作会，布置重点导育工作，开展导师业务学习，反思导师工作得失，改进导师工作方法。针对宿舍等校园欺凌行为频发的场所，重新划分安全责任网格，实施导师分包宿舍制度，加强安全值班管理，同时加强对学生心理的引导和行为的规范，促进寝室成员之间团结友爱、互谅互让、互相帮助，有效避免欺凌事件发生。

二、密切师生关系，关注行为

育人导师的优势在于密切的师生关系。只有教师与学生的关系密切、沟通顺畅，学生才能够对导师敞开心扉，教师也才能更好地呵护学生健康成长。

以“预防校园欺凌、平安健康成长”“拒绝不良行为、培养良好习惯”系列德育活动为抓手，育人导师充分走近学生，利用课后谈心、作业辅导、入户家访等形式及时掌握学生的兴趣爱好、性格特点、在校学习生活情况、行为表现、同学关系等；了解学生的家庭情况、生活经历，尤其是重点关注留守儿童、单亲家庭子女、家庭经济困难学生、特殊体质学生，分析潜在欺凌因素；对学生进行“导心、导学、导行”，给予学生关爱和陪伴，引导学生合理宣泄不良情绪，释放压力；开设团体心理辅导课，通过团体成员的互动、促进成员自我悦纳，自我肯定，在团体中形成良好的人际关系，逐步形成正确的价值观、人生观，帮助学生解决学习、生活、成长过程中遇到的问题。

育人导师在导育工作中认真观察学生的行为变化，对于异常行为进一步了解挖掘，设法探寻“冰山”的水下部分。例如，元元同学有几天总是一个人围着教学楼转圈。其导师李老师发现后立即找他谈话，了解到元元因为琐事与高年级的几个学生发生矛盾，那几个高年级的学生威胁放学后要找元元麻烦。李老师得知这一情况后，一方面教育孩子离校后尽量少单独外出，注意自身安全，加强自我保护；另一方面联系高年级几名学生的导师，对他们进行教育；同时告知双方家长，敦促家长在孩子周末休假时多加注意。导师认真观察，把工作做得细致，从而成功地避免了一起欺凌事件的发生。

三、加强安全排查，抽丝剥茧

育人导师注重安全排查，尤其是加强学生所带危险品的排查和学生之间矛盾的排查，及时排除安全隐患。

对于物品排查，首先以班级为单位，在学生的积极参与下制订可以带入学校的物品和食品清单；以班会、家长会的形式进行沟通，征得家长、同学们对物品安全排查的支持与授权后，由育人导师以宿舍为单位组织排查，对不合规物品由导师暂为保管，放假时交还家长。

学生间矛盾排查仍以与学生谈心、与家长沟通为主要手段，获取信息。导师需要将这些信息整合、处理，发现问题，将矛盾化解在萌芽阶段。例如，小满同学的家长反映，最近孩子总说饿，吃不饱，要求家长买零食，询问是否是食堂饭菜有问题。导师马老师立即查询其饭卡刷卡消费记录，却发现都达到上限。通过与小满谈心，马老师才知道，原来有几名学生“借”用了小满同学的饭卡。于是马老师立即约谈这几名学生，督促他们归还小满同学的饭费，并对他们做了批评教育，及时排除隐患。

四、关注消极小团体，分而治之

青少年思想认识不够成熟，分辨是非能力有待提高，容易沉溺于网络游戏或受到部分影视作品中“畸形英雄观”的影响，从而形成一些消极的小团体。这些小团体中的成员有的喜欢宣传和展示暴力，有的试图通过吸烟、饮酒展示自己的“成熟魅力”，还有的为了买游戏中的装备向比自己弱小的同学索要钱物……

对于这些小团体中的成员，育人导师首先要分析其是核心人物还是一般人物，消极小团体的核心人物有可能成为欺凌者，而一般人物则可能成为欺凌事件的协助者。对此，导师采取分而治之的方法。对一般人物，晓之以理、动之以情、明之以法，分析利弊得失，促使其脱离消极小团体，继而瓦解小团体。对核心人物需要高度关注，制订详细的导育方案，有针对性地施教，如通过鼓励其参与擅长的体育活动，获取成就感，分散其注意力，加强引导转化，帮助其树立正确的人生观、价值观。

在学校试行全员育人导师制两年时间以来，全体育人导师勤于探索、勇于实践、注重反思、积极改变，在工作中总结出了行之有效的预防校园欺凌的方法，有效地推动了平安校园的建设和发展。

（薛志峰，河北省辛集市新城民族学校校长）

导育结合维护学生心理健康*

辛集市新城民族学校是一所九年一贯制农村寄宿学校，五至九年级学生在校寄宿。为保障学生健康成长，学校引入了“全员育人导师制”，并对怎样发挥育人导师个性化教育优势，更好地维护学生们的心理健康进行了积极的探索。

一、导师摸排找问题

通过摸排梳理，发现学生中间存在的心理及行为问题主要有：①厌学，较典型的有高同学原本成绩较好，网课期间表现不佳，复课开学时不肯进校门，家长老师多方劝说无效；②自我评价低，感到自己无用、无能，无价值，自伤自残，典型的有张同学用铅笔刀划自己的手臂，自述这样做可以减轻痛苦；③感觉生活无趣、缺少愉快心情、逃避现实、出走倾向，典型的有贾同学，父母离异，随父生活，受家庭关爱较少，网课期间与人异地网恋，复课后因分手导致情绪低落，多次试图私自离开学校。

二、专家引领定方案

对于上述问题，学校邀请了辛集市青少年心理辅导中心专家进行了专业辅导。专家指出义务教育阶段儿童少年心理发展迅速，可塑性强，自控能力薄弱，心理防御机制不成熟，容易受外界干扰和影响，因而要注意帮助受导育学生树立乐观积极的心态，悦纳自我、自信阳光。育人导师在专家的引领和学校

---

* 原文发表于《河北教育（德育版）》2021 年第 03 期，第 52 页。

心理健康教师的帮助下，制订了团体心理辅导和个体教育疏导同步进行的导育模式。

三、个性导育筑防线

（一）个体心理疏导

个体心理疏导着重引导学生增强心理弹性能力（主要是指抗压能力、看待问题的灵活度、抵御和应对挫折能力）和提高自尊，进而解决个体心理问题，筑牢心理防线，避免极端事件发生。

自尊对个体的保护作用已被很多研究证实。积极的自尊（高自尊）是抵制负性影响、促进个体健康的缓冲器，它能缓和不良刺激带来的负面影响，而低自尊通常与抑郁、焦虑、社会退缩、适应障碍等心理问题有关，低自尊的个体更容易受伤害，因为他们认为自己只有很少的资源能应对威胁和挑战。前述案例中高同学厌学不肯进校门，导师经多方了解情况，又与心理教师一起研判，认定高同学为低自尊带来的适应问题。自尊来源于自我意识，人按照自我意识通过对自己的行为进行评价，从而对自己进行定义，并且很清楚对自己是悦纳还是厌恶，这种评判导致了自尊问题。因此，有人会为了避免评判出现的难受而停止进取，或者是给自己找理由，案例中的高同学由于网课期间没有好好学习，想象开学后成绩会落后，自己会被同学嘲笑、家长训斥、老师批评，自己难以接受这样的自己，从而选择不进校门逃避上学。为解决心理问题必须提高该学生的积极自尊水平，导师多次家访进行个体教育疏导，在导育活动中侧重了以下几个方面：

第一，引导学生客观认识自己，悦纳自己，正视自己的优缺点。既然原来学习很好，就足以证明有良好的智力水平并且学习习惯也不错。网课期间的怠惰对学习产生了不良影响是客观现实，既然已成事实就要勇于面对，用以后的努力弥补前一段时间的不足。

第二，正确对待他人的评价，对积极的评价发扬自己的长处，使自己的优点变得更突出，对于负面评价要合理运用归因理论，有则改之无则加勉。

第三，多进行积极想象，建立起对自己价值肯定的、积极的想法，然后及时强化这种想法。比如开学后即使自己成绩落后，不要进行前述消极想象，而反过来想象家长会对自己进行鼓励，老师会对自己进行关爱、指导，还会受到同学的帮助，学习问题可以轻松解决，将自己放在自己可能出现的积极场景中想象，体验这种感受并强化对自己的肯定。

第四，不断总结成功经验。引导学生不要花太多的时间沉浸在自己的错误和失败中，而是要吸取这些教训，想好下次碰到这种事时该如何应对，这样下次再遇到类似问题就可以更好的处理了。

经过导师多次家访座谈，该学生终于打开了心结，愉快返回了课堂。

有研究表明心理弹性作为个体应对巨大挑战、逆境或风险的适应能力，是不稳定的，它会随着时间和环境的改变而改变，也能够通过锻炼来提高。

前述案例有自伤自残倾向的张同学，其导师多次和家长沟通了解张同学的生活经历、家庭情况，得知张同学的母亲两次再婚，家庭的变故让孩子有些抑郁倾向，仅依靠导师和学校力量无法给予学生足够的支持，于是引导张同学接受更专业的心理治疗，在结束治疗回校后给予更多的关爱，引导其遇到难题主动求助，思想不要钻牛角尖，更不能通过伤害自己的身体来解决问题，而要通过更“智慧”的办法解决问题。

前述案例中的贾同学，其导师李老师在心理专家的指导下与贾同学一起制订了导育方案，帮助其提高心理弹性尽快走出阴影，面向阳光。

第一，经历痛苦更能体会幸福。父母的离异，家庭关爱的缺失，已成事实无法改变，自己首先要接受现实，还要体会父亲独自抚养的辛苦，努力用自己的实际行动去回报父亲，在爱与被爱中体会生活的幸福。在这样的家庭环境中适当“吃点苦”，比那些“饭来张口”的同学更能锻炼自己的能力，学习为人处世之道，使自己更快成长。

第二，享受朋友、集体的现实温暖，尽快从虚拟世界解脱出来。珍惜和老师、同学共处的时光，多和同学们交朋友（当然导师也会引导其他同学主动和贾同学交朋友），经常与朋友们一起分享生活、讨论生活趣事，有益于拓展思维、理性看待问题。

通过导师的多次针对性的谈心帮助，同学们的关爱，贾同学很快重新融入到班级的大家庭中，愉快地学习生活。

（二）团体心理辅导

团体心理辅导围绕正视心理问题、悦纳自我、情绪调适来进行。学校开展了“悦纳自我、心向阳光”系列团体辅导活动。通过活动，使学生们进一步认识了自己，明白了金无足赤，人无完人，每个人都有自己的优点和缺点，要全面认识自己，正确看待自己的优缺点，悦纳自己，不断完善和提高自己；明白了人心理生病是正常现象，就像感冒、发烧一样，大多数可以自愈，有些心理问题则需要专家老师帮助和支持；对于有了心理问题的同学大家不要用异样的眼光去看待，甚至嘲讽，而是要更加关爱他们，用同伴的力量帮助他们尽快恢复健康。

（薛志峰，河北省辛集市新城民族学校校长）

“家园式”校园管理模式的实践探索

现在的孩子大部分是独生子女，多数行动以自我为中心，不懂得如何与同学相处，责任意识、集体意识相对淡薄。我校所处地区外出打工人员非常多，由此造成大量的留守儿童，家长对孩子缺乏了解，与学校、老师欠缺沟通。针对这些问题，为了加强生生之间、师生之间、家长之间、家庭与学校之间的联系，营造一种健康、阳光、文明、智慧的学习和生活氛围，我们提出“家园式”管理，让孩子感受到班级、学校就是一个大家庭，让他们感受爱、学会爱，从而养成自我管理、自主学习的习惯和品质。

“家园式”校园管理模式的核心思想是爱，工作要素包括建立在爱的基础上的创新、责任、沟通、培养、勇气五个方面。以打造“家园式”校园为目标，将爱的管理贯穿学校管理全过程，创建出各具特色的家庭式文明班级。在特色创建过程中，我们以实施“精细化”教育为抓手，建立学校、教师、学生、家长四位一体，全员参与的学校管理模式，着眼于全体学生综合能力的提升，创造精神的培养和积极友爱学习情感的获得，以健康、阳光、文明、智慧为主线，构建了以让学生在“家庭氛围”中学习为特征的教学策略与教学管理模式。

一、“家园式”校园管理的工作要素：创新

“家园式”校园管理模式以创新为引领。学校创新班级管理模式，将每个班级的名字命名为以班主任的名字构成的“××之家”，取代过去传统的几年级几班的称谓；我们的每个班主任老师和任课教师分别担任班集体的正副家长；开学后，他们和孩子们一起动手，把教室布置得有“家”的味道：把我们

的“全家福”——同学们和老师的合照，张贴在教室显眼的位置；在教室墙壁上，分别设置了“我爱我家”“自由翱翔”“板报专栏”“学习天地”四个板块，内容由每个“家庭”按照自己的特点进行充实。他们有的贴上同学在假期里的生活照；有的挂上同学们的书画作品；有的展示着自己的理想目标；等等。在窗台上，放着一些同学们亲手种植的小盆栽、亲手制作的小手工……我们还开展了以“这就是我们的家”为主题的活动。

学校创新教学模式，全力打造高效课堂、快乐课堂。形成以 1 个公用多媒体教室为主、6 个多媒体教学班为辅的教学模式，实现全部班级按需多媒体教学的格局。利用多媒体教学其形式多样、内容丰富的特点，提高了课堂效率。同时，着力打造快乐课堂模式。教学中，老师们积极营造快乐、轻松的课堂氛围，充分体现自主、合作、探究的三维目标。

为适应社会发展与课程改革的需要，积极开发符合学校实际的校本课程。我校根据学校现有的资源，开发了“枣粮间作”的校本课程，组织教师编写教材，严格落实课程内容，建立学校的校本课程实践基地，很好地培养了学生的动手能力，提高了学生们的劳动意识。我校开发的校本课程“枣粮间作”获得河北省校本课程一等奖。

学校创新校园文化建设，每一面墙壁，每一个办公室，都张贴有关礼仪、学习、爱心等方面的标语。通过这些让孩子们明白：一个班就是一个小家，一个学校就是一个大家，在这个家里，老师就像你们的父母亲，同学就像你们的兄弟姐妹，我们要相亲相爱，互相帮助，共同进步。

二、“家园式”校园管理的工作要素：责任

“家园式”校园管理以责任为基础。首先，要让老师们自觉树立责任意识，发挥“学高为师，身正为范”的示范带动作用。学校建立了时区值班责任制，每一个课余时间均有老师进行安全值班。充分发挥了以班主任为家长、任课教师为副家长的责任主体作用，既防患于未然，又增加了教师与学生沟通交流的机会。学校建立了教师学习机制，制订教师成长规划。学习的内容以教师专业知识和教育学、心理学知识为主。我校为每位教师购买教育学、心理学方面的

书籍，开放图书室，老师们可以随时借阅书籍。丰富教师的学习内容，适应时代潮流，提升教师魅力。同时，随时书写学习笔记，定期交流学习心得，以教师的主动成长引领学生的主动学习。

其次，让孩子们自主参与班级管理，培养学生的责任意识。每一名同学都是这个家庭不可或缺的一员。魏书生的《教海漫记》中谈到班级管理："要让每个学生有事可做，每件事都有人去做。"基于魏老师的说法，我们实施精细化的管理，努力安排每个学生都有管理任务，班级里每件物品都有人管理。现在，我校的每一个班级都形成了人人有事做，事事有人管的局面，大的有管理纪律、作业的收发、卫生的检查，小的有随手开关门窗、捡起一张纸屑、归位一根粉笔……尽量发挥每个人的所长和兴趣。让每一个学生都觉得自己是这个"家"的主人，很好地增强了学生的责任意识。

三、"家园式"校园管理的工作要素：沟通

"家园式"校园管理以沟通为渠道。包括教师与学生之间的沟通以及教师与家长的沟通。

作为每一个班级的家长，我们的教师一定要会倾听、能了解、懂沟通，深入每一个孩子的心灵，掌握学生的身心特点和变化，通过爱的教育，使学生与教师融为一体，才能使学生做到"尊其师、信其道"，教师也能通过与学生的沟通，发现问题，查漏补缺，更好地开展教学工作。我校教师现在已基本形成定期与学生进行沟通交流的机制。

教育孩子们成才的两个重要地方——学校和家庭，这两者是不应该独立开展教育的。家园式管理的第二个特点是努力加强与家长的联系，从而开展管理工作。我们定期召开家长会，把我们实施家园式管理的构想告诉家长并提出要求，请他们提供意见。在家长会上，我们共同商定了一些具体做法。例如，在班级里成立家长委员会，邀请部分家长参与班级管理及时给我们提意见；定期召开部分家长交流会，让家长们互相交流教育心得；建立通信平台，学校设立了家校通热线，建立了校讯通平台。老师和家长通过打电话、发送短信息，及时反映孩子们的情况；开展家访活动，让班主任老师和任课教师走进学生家

庭，深入了解每一个家庭的现状，让家访成为沟通教师、家长、学生心灵的桥梁。三者共处，促膝谈心，拉近了彼此的距离，有利于意见的交换，有助于达成共识，更容易商量出解决问题的办法。我校班主任教师每学期家访的人数占班级人数半数左右。通过老师和家长的沟通，所有家长都能接受老师的建议，并表示愿和老师一起搞好孩子的教育工作。

四、“家园式”校园管理的工作要素：培养

“家园式”校园管理以培养为目标，主要是培养教师和学生的爱心。教育的事业是爱的事业，没有爱就没有教育。培养出充满爱心的社会成员，是社会、学校和每一个教师的基本责任。爱心是教师做好教育工作不可缺少的，教师爱心的形成，首先，要把爱心和爱行结合起来。就是不仅要有爱心，也要有这方面的行动；其次，要有正确的学生观，用爱心对待每一个学生；最后，学校要能够创造这样的氛围，一方面强调老师要关爱学生，另一方面，学校也应该引导学生尊重关爱教师。其实，尊重关爱是相互的，这种相互性越强，相互尊重关爱的这种感情就很容易建立起来。

学校秉承“育人教书”的思想，通过举办“三轻轻三弯腰”，感恩教育大会，文明礼仪教育，学习、践行弟子规等活动培养学生的爱心；通过观看专家讲座、教师个人业务学习，如心理学知识的学习等活动培养教师的爱心。在活动中，师生培养爱心，也践行彼此关爱，师生亲如一家的和谐家园氛围逐渐形成。

五、“家园式”校园管理的工作要素：勇气

“家园式”校园管理以勇气为动力。不抛弃、不放弃任何一个学生需要智慧也需要勇气。每个班上都有“后进生”，可如何对待他们呢？首先，做到不厌弃他们，给他们学习上的勇气，然后根据“后进生”的特点和形成原因做好转化工作。在“后进生”身上表现出来的不良行为，大多数不是道德观念上的，有的是出于好奇，有的是一时糊涂做出的不正当举动，有的是自控能力差造成的。其次，分析“后进生”形成的原因，帮助他们克服缺点和毛病是班主

任分内的责任。因此，要用爱心关注“后进生”，做到一个都不能少。

“后进生”不是天生的。他们中有的是受不良社会风气的影响；有的是父母离异，不完整的家庭教育造成的；有的是身心发展中各种消极因素恶性膨胀的结果。“后进生”身上存在不少的缺点和错误，因此经常受到老师们的批评，家长的指责，同学们的白眼，往往在同学中抬不起头。他们需要的是老师的关心，家庭、集体的温暖。实践证明，要转化“后进生”，只有使“后进生”动情。

我们只有用心灵的温暖去医治他们心灵的创伤，用精神的甘露去洗涤他们精神上的污垢，只有消除了“后进生”对老师、家长、同学的对立情绪，才能开展转化工作。日常生活中，我们从各方面去关心他们，例如，在学习上热情地给予指导，遇到困难时给予真诚的帮助，有了点滴进步及时鼓励，犯了错误进行耐心地教育，使他们时时感到老师的爱护与关心，逐步改正错误和缺点。我校根据“后进生”不同的特点，分别建立了体育、音乐等特色兴趣小组，发挥“后进生”在其他方面的特长，使之逐步建立起对学习的兴趣，收到了很好的教育效果。

以“家园式”校园管理模式为载体，努力营造家的氛围，关注、关心、关爱每一个学生。以爱和沟通为纽带，在学校管理中勇于创新，干出特色，创办人民满意的教育。

（刘春然，河北省沧州市盐山县第六中学校长；张明刚，河北省沧州市盐山县联合小学校长）

从规范书写开始的规范办学改革

顺平县原是国家级贫困县，于 2018 年全县脱贫摘帽。河口乡是我县的林果乡，地处县城西北山区与平原交界地段，是桃花节的主景区。全乡共 16 个自然村，现有 6 所小学，全部为一至六年级单轨制，其中规模最大的现有学生 190 余人，规模最小的已不足 100 人。

农村小规模的学校正面临重重发展困境，包括学校基础设施欠缺、教师资源短缺且结构失衡、教学质量缺乏保障、生源流失等诸多方面。这一系列问题导致的直接后果是对小规模学校办学规范性的质疑，而办学是否规范，则会影响到学校存亡。

办学规范是一个大问题，环境、资源、生源等外部因素我们无力改变，但我们可以从细微处着手。比如学校环境卫生，各校各班虽然都安排值日生、分包卫生区，但是细节处总是不够干净。还有课间操，集合、排队、做操的流程都对，但是动作总是松散不整齐。学生坐在教室里一天天都在听课、写字，但坐姿、握笔姿势也是各种各样不规范，孩子们的字歪歪扭扭，笔画笔顺也不按规定来。

这些看起来微不足道的小事，汇聚到一起就会影响到学生们的学习习惯、精神风貌，学生们汇聚起来，就形成了整个农村学校办学的风貌。面对这种随意松散的现状，我做了很多思考和尝试，推动出台了一些强化规范管理的办法，但每次都是提出要求后轰轰烈烈去改正，时间不长就又恢复原状。我逐渐意识到，农村小规模学校各方面管理的随意性不是一朝一夕可以改变的，如果方方面面都提要求，一方面老师和学生们对各种要求无法兼顾，会疲于应对，另一方面着力点太散，无法监督和评价，最终有可能成为一阵风式的活动，难见成效。

农村小规模学校是否可以在各方面管理上更加规范？哪些是必须规范并且需要长期坚持的？怎样增强学校师生对规范管理的信心？怎样让师生在规范管理的过程中获益？针对这些问题，学校领导班子进行了反复讨论，最终我们决定将规范管理的第一步确定在“规范书写”上。做出这个决定是基于以下几个原因：

第一，在学校规范化管理的初期，我们需要一个抓手，需要人人都有能力、有意愿参与。规范书写这件事，事关所有的老师和学生，可以直接调动学校所有人，符合这个抓手的需求。

第二，初期目标精准，容易执行。规范书写是一个具体可操作的行为要求，每天坚持可以渗透到学生对待学习这件事的态度上，是一个具体的、可执行的要求。

第三，每天前进一小步，就可以将成就转化为进步的动力。在多年的教育实践落后的现状下，农村小学的老师和学生心中有很多消极的心理暗示，总是觉得农村学校就是不行，同时觉得自己就是不行。规范书写这件事，能有肉眼可见的进步，在进步中积累的成就感可以为师生带来挑战更多困难的动力，从而带动更多规范性的改变。

用规范书写带动学校规范管理的理念确定以后，我们列出以下具体的工作计划：

第一，时间保障。我县是河北省原 22 个集中连片特困县之一，所有农村学生享受营养餐政策，即每天中午在学校吃一顿免费午餐。午餐后至下午上课之前的时段，除了午休，还有很大一段空闲。我乡各学校统筹这一段空闲时间，统一安排为习字课，要求所有学生每天完成一页习字练习。

第二，鼓励坚持。日复一日枯燥的练习很难坚持，为了激励老师和学生们坚持练习，坚持进步，学校在各班教室外统一制作了习字展示区，每天中午习字课结束后，当天上课老师的习字展示在第一幅，同时择优选择 6～8 幅学生习作张贴在本班展示区。

第三，评价反馈。每学期结束，班主任将每个学生本学期的习字练习按照时间顺序排序，装订成册，在家长会上发给对应的学生家长，老师、家长和学生都能直观看到书写规范性的变化。每年元旦前，总校组织全乡范围的书法比赛，全体师生积极广泛参与，效果非常好。

2021 年 12 月初，在省政府教育督导评估过程中，督导组对各班教室外统一的习字展览非常感兴趣，我们向督导组介绍了学生习字作品装订成册、每年的书法比赛等一系列规范书写的做法，获得督导组的高度认可。

截至目前，我乡规范书写工作已经坚持了几个年头，各学校在规范书写的基础上，分别做了不同方面的规范管理尝试，包括校园环境卫生、课间操质量提升、每天下午放学列队离校等，规范管理的风气正在我乡小学悄然形成。

2021 年 12 月初，在国家医保药品谈判过程中，医保药品专家的一句“每一个小群体都不应该被放弃”，迅速刷屏网络并被广大网友称赞为“灵魂砍价”。今时今日，我觉得用“每一个小群体都不应该被放弃”来引领当前农村小规模学校的突围同样适用。不管出于什么样的原因，这部分孩子暂时无法离开故土，还要留在乡村小学就读，那么我们就从一个点做起，逐步推开农村小学规范管理的大门，相信农村教育的未来一定会充满精彩。

（赵静，河北省保定市顺平县河口乡小学总校校长）

四道沟小学书香校园建设纪实

“粗缯大布裹生涯，腹有诗书气自华。”在匆匆流逝的光阴中，伴我们不变的唯有读书。多年来，四道沟小学秉承“书香润泽校园，阅读幸福人生”的读书理念，大力推广师生读书活动，在学校文化引领下形式各异，精彩纷呈。

一、重视文化熏陶，加强物质保障

氛围是一种语言，蕴含着潜在的教育意义，能起到润物无声的效果。在学校文化建设中，高度重视书香文化建设。在强化文化引领同时，做好物质保障。我校逐年加大经费投入，到目前为止，学校建设了馆藏 1.3 万余册高标准图书馆。同时，学校多渠道争取了红十字会、北京惠通路华路虎中心、搜房网等多单位帮助，开展了毕业生赠书留念活动，既充实了馆藏图书，还起到读书引领作用。

二、通过示范引领，鼓励全员参与

法国有句谚语：启事在教诲，成事在榜样。我国先贤也曾经说：人不率则不从，身不先则不信。我校从校长到老师，再到学生，每人均有读书学习任务，既有必读要求，更有自由读书鼓励，目前已经形成人人参与读书，人人喜爱读书的良好读书氛围。学校以读好书，写好字，做好人为目标，时间保障，要求具体，考核精细，既有保底要求，还鼓励自由扬长，重视读书习惯培养，让书香润育品质。

三、以课程为依托，开展读书活动

学校通过语文课堂读写一体化教学改革，所有语文教师充分挖掘课程资源，引领学生走进名著，并丰盈了各种读书课程。语文教师精心设计了读书课、读书指导课、读书汇报课、读书交流课，这些课程不仅引导督促了学生读书，同时还让学生在交流中碰撞出思想的火花，避免了学生死读书，读死书的现象，这些不但培养了学生的读书兴趣，也为学生未来的高考打下了坚实的基础。

四、以比赛为平台，提高读书效果

活动可以坚定学生信念，扬长利于激励学生发展。在读书活动中，学校扎实开展了各种比赛活动，如课本剧，学生自己精心编排话剧，参与兴趣高，表演效果好；读书节精彩纷呈，既激励了学生读书兴趣，还传承了中华民族源远流长、博大精深的传统文化，这些诗文经典，既利于治学修身、陶冶性灵，还不断提升师生文化品位。

近年来，学校开展的读书活动，使学生逐渐养成良好的阅读习惯。学生的阅读能力不断提高，写作能力、口语交际能力得到极大改善。在净化学生思想的同时，书香浓郁的校园氛围也已经形成，师生语文素养得到极大提高。赵静老师在 2018 年全县教师演讲比赛中获得一等奖第一名，张垚同学在 2018 年全县“读书讲故事”活动中获得第四名，王胜儒同学在 2019 年的讲故事比赛中获得全县第二名，在历年举行的全县征文比赛活动中我校均有大量学生获奖。

半亩方塘一鉴开，天光云影共徘徊。问渠那得清如许，为有源头活水来。读书可以与先哲对话，读书可以享受品质人生。读书破万卷，下笔如有神，与书相伴，必会沐浴书香，我校将在今后工作中一如既往做好读书引领，书法指导，为孩子们的幸福人生打下坚实的基础。

（徐术东，河北省承德市围场县四道沟小学校长）

用心办好农村小学附属幼儿园

人们都说：一个称职的好校长就是一所好学校。没当校长之前，自己心里总会暗暗去评价自己所在的学校是不是一所好学校，校长是不是一位好校长。2019 年自己走上了校长岗位，才发现要想成为一个好校长，把学校办好，远不止看起来那么简单。但我坚信，只要用心种下希望的种子，就总有一天能生根发芽，开花结果！

我所在的学校是距我们县城最远，但离北京很近的一个山村半寄宿制小学，校内附属一所幼儿园。这里没有开发时，可以说是穷乡僻壤，就算鸟儿飞过，也绝不会在这儿停留片刻。自从“大数据产业园”入驻这里以后，“别墅区”“居民楼”“厂房”如雨后春笋般拔地而起，产业发达了，生活富裕了，这里的人变得洋气起来，外地来此务工人员渐渐多了起来，在北京上班的人也在这里买房落户，穷乡僻壤变成了一个富饶又充满生机的现代化乡村。

我校就是在开发中获得发展契机的。我们的老校区从前只有四排平房，全校小学生数不足百人，30 个幼儿分布在三个村里的教学点。教学点负责幼儿教育的教师大都是村里稍有文化的妇女，除了哄孩子不哭，就是教文化课，比如语文的拼音、识字，数学的 10 以内的加减法。

老校区整体拆迁以后，我们搬进了宽敞明亮的新楼房，到新学校后最值得骄傲的是就是幼儿园的变化。农村小学附属的幼儿园是公立园，每个月只收 120 元的保教费，园所环境还好，在当地有很大的吸引力，幼儿人数从原来的 30 人一下增加到了 80 余人。生源增加了，本来是好事情，但与此同时问题也增加了，幼儿餐食、保教、午休都需要大量的人力投入，原有的师资也显得捉襟见肘了。

我们决定立即招聘 6 名幼儿教师，把我们的教师团队建起来。来应聘的人很多，但一听薪酬只是最低生活保障的标准都敲了退堂鼓。有几名幼儿家长表示愿意试一试，但是她们只有中专学历，还没有教师资格证。毕竟可解当下的燃眉之急，就让她们留下来试一试。

因为疫情幼儿没有到校，老师们正好利用这段时间抓紧培训。我联系了县城的示范园，让她们走出去参观学习。她们每天奔波百余里，学完后回来总结，第二天再去另外的示范园学习，从一日生活到班级环境到园所管理，全方位无死角浸润式学了个遍。一周的时间让这些“杂牌军”对幼儿园的工作有了初步的认识。接下来制订我园的总体工作方案，学习工作计划，布置温馨的学习环境，筹备工作井然有序地展开了。

新学期悄然而至，“杂牌军”的实践拉开了序幕。一个月之后，几个家长找到了学校，作为家长代表表达了他们的困惑。“我们之前都在学文化知识，孩子们每天学拼音、学写字、学算数，为什么这学期孩子什么都没学到呢?”这个问题在我们的预料之中，我问他们：“孩子们是喜欢之前的幼儿园还是现在的幼儿园呢”? 家长异口同声回答说：“现在孩子更高兴。”我说：“这就对了。幼儿教育是以游戏和活动为主，通过体验来获得知识。我们每个班都在按照《3—6 岁儿童学习与发展指南》和《幼儿园教育指导纲要》(试行) 在开展教育活动，孩子们在快乐的活动中得到了符合年龄的成长，虽然表面上没有教文化知识，但在潜移默化中增长了孩子们的知识技能。孩子们的成长是有阶段性的，我们必须在适合的时候教给孩子们适合的东西，否则就是揠苗助长啦!”转变家长的教育理念，特别是扭转家长们“除了拼音、写字、算数其他就不是学习”的认知，还需要学校不断沟通、不断渗透。

幼儿园在开学初便制订了每月的活动主题，设计出一些亲子活动，邀请家长参与。如春季的风筝节，家长和孩子们一起做风筝、放风筝；传统节日冬至，各班幼儿和家长一起包饺子；面工坊里做蛋挞、曲奇饼干；微型“长征”两公里，孩子家长齐运动；亲子 T 台秀，秀出每个家庭独特的美。通过开展各种特色活动，让家长体会孩子在幼儿园中的欣喜变化，也让家长对幼儿教师的工作有了新的认识，获得了新的幼儿教育理念。我们发现，家园共育对幼儿的习惯养成、行为能力提升均有很大的促进作用，而那些原本对我们的幼儿教育理念有偏见的家长也慢慢转变了思想。

办一所正规的农村幼儿园，从根本上说，还需要不断强化我们这支“杂牌军”的专业能力。通过外出培训和多种形式的学习，不仅让老师们更新理念，还能及时了解幼儿教育的方法，这是至关重要的。我们从南京引进了五大领域的儿童用书，引进了幼儿感统训练的器材，本学期又通过捐赠的形式获得了安吉游戏的材料，极大地丰富了幼儿的活动方式和活动体验。我们的老师们在摸索中前行，她们从不畏惧困难，对新事物永远保持开放的态度，日复一日的对幼儿的成长进行观察、记录、改进、创新。通过每一个人的不懈努力，终于得到县里教研员“你们的幼儿园已经达到了城市示范园的标准的评价。”这简短的评价具有振奋人心的作用，对我们这群“杂牌军”来说是最充分的肯定。老师们通过学习，都拿到了保育师证书，正在准备考幼师资格证，在我动笔写下这篇文字的时候，她们又在进行集体教研！

学校的跨越式发展，需要一个契机，更需要一份坚持和创造，这份坚持和创造，来自于每一个人的凝心聚力。我们的幼儿园才刚刚起步，我相信，学校通过提供专业而有温度的教育能够凝聚学生，校长通过提供负责而有情怀的管理能够凝聚教师，我们每一个人的努力，托起的，会是山里儿童的未来！

（王海龙，河北省张家口市怀来县东花园镇董庄子中心校校长）

在教育改革道路上的一点尝试

从事教育工作以来，我一直在思考这样的问题——究竟什么是教育？教育的目的是什么？理论的宣讲和阐述时常令我们摸不着头脑，感觉需要做的事情很多，又不知从何下手。在实践中，我逐渐摸索出一些门道：小学教育应当是直观、生动的教育，应当是能鼓励独立、激发勇气、鼓励担当、强健体魄、建立秩序的教育。我们的素质教育改革，以小学生的身心发展特征和需求为依据，以行为习惯培养、学习能力提升、心理健康教育为抓手，从文明校园、无声走廊、有序课堂、激情读书、方正写字等最基本的事情开始，通过为学生创设丰富多彩的校园活动来实现。

一、每日诵读、写字、唱歌，提升学生综合素养

每天上午 8：10～8：30 为读书朗诵时间，全体学生在优美的音乐声中陶冶情操，激情朗诵。每天打扫好卫生后，随着提示音乐，学校内书声琅琅，诗词积累、经典诵读精彩纷呈。学校本学期和上学期分别组织了以班级为单位的全校诵读比赛，极大地调动了广大师生的诵读积极性。学校还组织全体老师进行爱党日主题学习诵读活动，全体教师或二人合作或集体朗诵，在活动中提高了自己，营造了浓厚的朗读氛围。

学校建立了每日书法练习制度，每天下午上课前 20 分钟，随着提示音“写字时间到了，请同学们做到头正、肩平、身直、足安”，伴随着《高山流水》古筝曲的铮铮淙淙，同学们坐姿挺拔，在书法专用纸上开始标准格式的书写。每周我们各班都会挑选优秀作品，交给学校负责此项工作的马精哲老师，由他组织评选优秀作品并在学校橱窗内展出。同时，每周六上午，各年级组长

收集好本年级组老师书写的作品并上交给学校，由学校挑选优秀的作品在橱窗内展出。学校还借鉴兄弟学校的做法，在进校处放置一块黑板，每天老师到校后第一件事情，就是进行粉笔字书写。通过一段时间的坚持，现在我校老师的粉笔字水平都有了很大的提高。

学校根据教育局下发的小学必唱曲目，分年级进行教唱。每天下午课前唱1～3首歌曲，我们借鉴盘锦实验学校的做法，要求学生集中注意力盯着黑板中缝，挺胸抬头大声歌唱。学校分别于5月份和9月份举办了全校范围的红歌比赛。通过比赛，提升了师生的精神风貌和音乐素养。

二、每周特色课程，搭建学生活动平台

特色课程是一所学校的名片，我们的特色课程实施以“教—练—展”的形式开展。一是梅花拳。聘请了专职梅花拳教练，每班每周一节梅花拳课，全校师生普及一套梅花拳武术操，每天大课间时间，全体学生展示英姿，每学期至少开展一次梅花拳展演。二是经典诵读。每周一节诵读课，每学期至少进行一次诵读比赛。我们已分别以年级为单元组织了一次诵读比赛，目前正在进行“读好书”手抄报活动。此外，4月份的“读好书”讲故事比赛，5月份的全校经典诵读比赛也已经成为我校常规展演活动。三是儿童韵律操。学校开设以二年级为参加对象的儿童韵律操课程，每周三下午第四节课开展，目前已经初见成效。四是手工课。我们在六年级开展手工课程，包括折纸、剪纸、纸箱绘画等。通过手工制作，提高了学生的动手能力，对开发学生智力、提升想象力有很大的作用。

根据学生兴趣爱好，学校成立了红舞社团、拉丁社团、梅花拳社团、小里拉社团、篮球社团、乒乓球团队、跳绳社团、踢毽子社团、羽毛球社团、跳皮筋社团等10余个艺术小组，课间活动每个班级均有自己的活动内容，学校不定期开展各项社团活动比赛，每学期至少进行一次全校展演。

三、自我管理，提升学生自我责任感

把管理的权力交给学生，不仅提高了他们自我管理的能力，而且增强了他

们的责任和担当意识。在红领巾广播站的管理上，学校少先队大队部予以“放权”，我们于 2018 年 3 月进行了广播站站长、副站长及部分广播员的选拔，学校任命了 1 名站长，1 名副站长。目前基本实现了广播站由站长负责，定期召开会议，收集广播素材，定期排练的目标，提高了学生的自我管理能力。以少先队员为先锋，我们成立了“文明监督岗”，每周一的升旗仪式上，由主持人隆重介绍，整体出场，提高小组成员的荣誉感。他们完全由学生自我管理，每周日小组长将本周发现的问题整理上报大队部，并组织监督小组成员换岗。为了提高学生的自我管理热情，保证管理的常态化进行，学校成立了体卫小组，由学生自己负责检查监督班级的课间操、卫生等情况，每周一通报。周一升旗仪式上我们根据学生自治小组反馈信息为先进班级颁发流动红旗。

四、家校协同，认真执行“五个一”

我们的家校协同教育工作，也是从细节着手。家长需要协同学校，监督孩子在家里坚持做好以下五个方面：一分钟家务、一分钟日记、一分钟唱歌、一分钟军姿、一分钟注意力训练。从小事开始，从学生能做的事情做起。要求学生坚持住，每天不辍，务使形成习惯。一年下来，已经初见成效。家长参与起来不难，也就更加乐意配合。在日积月累中，学生个人综合素质得到了较大的提升。

几年的工作下来，我们越来越认识到育人绝不是一朝一夕就能做到完美的工作，它需要我们沿着正确方向，用正确的方法，不断努力，坚持下去。今后我们仍会按照教育局有关指导意见，结合我校实际，坚持、坚持、再坚持，守住、守住、再守住，使我校的育人工作再上新台阶。

（李建浩，河北省邢台市平乡县县直第一小学校长）

落实“双减”，聚焦“五育”新课程

“双减”政策的出台，旨在解决教育领域长期存在的“疏于德、长于智、弱于体、乏于美、缺于劳”的问题，充分表明国家对教育改革的决心和力度。强化课堂教育主阵地，努力打造教育良好生态，积极落实立德树人的根本任务，构建“五育并举”教育体系，探索“双减”政策下的教育模式，是当前教育的首要任务。我校以课堂教育为出发点、以“作业革命”为突破点、以“家校合力”为支撑点，构建课堂、课后、校外一体化育人体系，落实“品正、文雅、博学、健体”育人目标，构建“尚”文化多维度、立体化课程，建立由学科课程和自主发展课程相结合的课程体系，既注重全面素质，又注重个性发展和创新能力的培养，助力“双减”落地增效。

一、德育尚修，内化于心，外化于行

积极创建德育课程，以养成教育为基本内容，以提高学生自我管理为目标，联动家校社协同力量，将德育工作覆盖学生成长全过程，稳步迈向“品正”的育人目标。

第一，深入开展“每月一品”德育活动。梳理出小学生 12 种必备品格：爱国、守纪、友善、感恩、关爱、孝敬、坚强、责任、勤劳、节俭、好学、自信。以此为教育主题月活动主题，根据当月的评价标准，评选“最美班级”“最美自己”，将评比结果纳入班级考核体系中，让学生接受品格教育，在活动中绽放自我，成长自我。

第二，注重德育活动的有效性和整体性。把陶冶情操养成教育与传播学科知识结合起来，把校园文化作为学生第一教育基地，主动对接家庭教育端口，整合社会教育资源，构建德育教育阵地，三方力量相向而行，共同发力。每年开展“家长开放日”活动，让家长与学校得以紧密结合，更有助于学生教育和管理；聘请校外辅导员开展“警校共建”活动，让学生知法懂法，从小树立法治观念；定期聘请心理辅导专业人员对学生进行心理疏导，让学生心理健康发展；联系社区、爱心办、工会等部门，以“大手拉小手”的形式让学生走出学校参与社会管理，增加社会经验。德育工作不仅要内化于心，使每个学生真正认可社会的主流价值和优秀道德品质的重要性，而且外化与行，将内心的道德标准落实于社会实践中。

二、智育尚行，赢在课堂

教学质量是学校的生命线。我校践行“智育尚行，赢在课堂”教学理念，坚持“双主体教学”，采用“集体备课＋单元备课”形式，注重学生“小组合作＋争先”课堂模式，对学生进行分层教学，分层管理，构建学生自主学习环境，利用好“能量超市”这一必要环节，打破常态课堂，追求常新，突破常规，将课堂工作重点放到有效备课、有效课堂、有效练习、有效辅导四个方面。

第一，有效备课。备课是教学的基础，在备课中做到细致、新颖、独特、具有可操作性，充分挖掘教材所蕴含的信息，侧重知识之间的练习，体现知识产生的方法，展现研究知识、解决问题的过程。教师在备课中必须做到“六备”：备教材、备学生、备教法、备学法、备设计、备习题。

第二，有效上课。要提高教学质量，根本出路在于提高课堂效率，让学生积极、主动地参加教学全过程。教学过程要做到开放，关注学生对知识的学习过程，关注学生对问题的思考过程，留给学生思考的时间和空间，充分调动学生学习的参与性、主动性，鼓励学生发出质疑，让课堂上有笑声，让学生在快乐中学习，从而提高课堂效率。

第三，有效练习。练习是学生获取知识、掌握知识、探索知识的重要途径，是课堂知识巩固的基本环节，抓好练习是提高教学质量的保证。练习内容要多样，有创新，结合社会生活题材以及学生生活素材来选题，提高学生应用知识解决问题的能力。

第四，有效辅导。配优补差是大面积提高教学质量的有效策略。辅导是实现这一要求的一个有效办法。对于优等生以扩充与提高为主。完善课内打好基础，丰富课余提升能力，重视激励，加强辅导，脱颖而出。对于中等生以补充与转化为主，促进其向优等生转化。丰富课内强化基础，适当扩充有利提高，及时鼓励重在推进。对于学困生做到多关心、多接触、多指导、多鼓励。重视其特长发挥，多增加他们成功的体验，及时发现他们的闪光点，引导他们树立自信心，完成基本教学任务。

三、体育尚趣，健全身心

小学生正处于天真烂漫的年纪，爱玩儿爱闹的天性决定了教师在开展教学的时候应以趣味性为主。在小学体育教学实践中，游戏教学深受宠爱，在体育课堂教学策略中占有一席之地，学生喜闻乐见，教师也受益匪浅，因为小孩子天生就爱做游戏，游戏使体育活动变得丰富多彩，也使他们的体能在无形中得到锻炼。同时，在培养学生的合作竞争意识及创新能力方面都能够取得显著成效，让学生乐在体育中，戏在体育中，逐渐升腾起对体育的热爱之情，在体育精神和品质的影响下培养出健康人格，普及健康生活方式，树立终身运动的自律观念。以“课后服务”为契机，坚持开展“阳光体育运动”，举行趣味运动会、集体大跳绳、拔河比赛等活动，让师生协力在欢快的娱乐氛围中获得体育锻炼。

四、美育尚心，以美育美

美育是审美教育，也是情操教育和心灵教育。通过美术、诗歌、音乐等多种形式陶冶情操，让学生时时刻刻发现美、感受美、表现美、鉴赏美、创造美。清新、淡雅是我校校园环境的代名词，一草一木会说话，一墙一壁皆育人。开展形式多样的比赛，给学生提供表现美的舞台，我校组织了一系列的比赛活动。“凝心聚力，助梦腾飞”庆元旦文艺会演，开展“古诗赏析”“经典美文诵读”活动，组织学生开展国画、书法作品展览，利用学校广播、墙报、手抄报等形式传播艺术知识，推广艺术成果。按照学生的兴趣、爱好及学校实际情况组织建立了体育类、实践操作类、艺术类、学业类等 18 个社团。引导学生从自己的校园、生活中发现艺术、创造艺术，培育艺术素养。

五、劳育尚躬，价值体现

劳动是人类赖以生存和服务社会的基本活动，让学生学会尊重劳动、珍惜劳动成果、尊重劳动者，努力培养学生积极主动参与劳动的习惯，切实有效的融汇学科教学、社会实践、家庭教育、社会教育的劳动教育功能。让学生直接参与劳动过程，增强劳动感受，体会劳动艰辛，分享劳动喜悦，掌握劳动技能，养成劳动习惯，提高动手能力和发现问题、解决问题的能力。

“双减”政策下，需要家庭、社会、学校等多方联合，共同构建学生成长共同体，为学生的健康成长营造良好氛围。从“五育并举”到“五育融合”是一种进步，更是一种社会期待。作为学校，从课程建设、课程开发到学生的实践，让学生动起来，增加学生学习的内在驱动，变学业负担为学习享受，使“双减”政策落地生效，使“双减”政策真正成为百姓满意的民心工程、暖心工程。

（赵建坤，河北省保定市顺平县蒲阳镇大城北小学校长）

聚焦“双减”新举措 托举乡村教育新希望

2021 年，“双减”政策落地，对学校的教育教学工作来说既是新的机遇也是新的挑战。如何落实“双减”政策，为学校的内涵发展、学生的可持续发展提质增效，是学校面临的新课题。大屯中心校在减负增效的路上探索出了“128 分层管理模式”。“1”指以提高教学质量为一个中心；“2”指狠抓教师专业成长和学生习惯培养这两条主线；“8”指重点抓好以下“8”方面工作。

一、理清管理思路，明确减负增效的“着力点”

作为教学副校长，要把学校的教学工作引向哪里，把教师和学生引向哪里，又通过怎样的途径进行引领，是我们要思考的首要问题。教学工作涉及教师和学生的各个方面，每一个学期，不能胡子眉毛一把抓。为了提质增效，近几年，我们把教学重点放在了“四管”“四提”上。“四管”即管好教学秩序、管好课堂教学、管好学生习惯、管好考试评价；“四提”即提高教师专业素质、提高课堂教学实效、提高作业管理水平、提高学生核心素养，抓住提质增效的发力点，从而大幅度提高教学质量。

二、推行分层管理，管好减负增效的“时间点”

教师备好课、上出高质量的课、抓好作业批改与辅导是提质增效的关键，但教师在年龄、能力、身体等方面存在着很大的差别。所以，在日常管理中，需要齐步走的要齐步走，不能齐步走的，我们采用分层管理的方式，为老教师提质增效提供更多的时间。

在统一要求和齐步走方面，大屯中心校制订了《教师一日常规管理要求》，从教师入校、早读、晨诵、课堂、课间、午写午算、晚自习等方面对教师的一日常规提出了明确的要求，让老师明确每一天的每一个时间段做什么事情，做到什么程度。如每天的午写午算要求教师提前 3 分钟进入教室；每天放学前必须把第二天的早读、晨诵学习任务书写到黑板上等。中心校还制订了《毕业班教师十项要求》《育心课堂教学十项要求》等。从认真候课、组织教学、习惯培养、课堂反馈等方面提出了明确的要求，让管理有尺度，有法度。

在备课、反思、课件使用等方面，按照教师梯队，采用分层管理方式。如允许 45 周岁以上的教师在书上备课或写简案，要求年轻教师、特岗教师写详案，每周至少备一节精品课。45 周岁以下的教师每个月书写教学反思不少于 4 篇，45 周岁以上的教师每个月书写精品反思不少于 2 篇。让年龄大的教师、身体较差的教师把更多的时间和精力放在备、讲、批、辅等关键的事情上，让管理有温度，更适度。

三、落实“四练六比”，抓好减负增效的“能力点”

中心校以“岗位大练兵、教学大比武”为契机，以“四练六比”为抓手，促进农村教师素质快速提升。“四练”即在培训中练、在研究中练、在比武中练、在反思中练；“六比”即一比备课和说课，三比课堂教学；四比课标与课件，五比表达与反思，六比教学质量。让岗位大练兵、教学大比武的内容更加具体化。

(一) 在“培训中练”，为提质奠基

一年多来，大屯中心校对小学语文、数学、英语、科学、道法、音乐、美术等学科进行了多次培训，培训内容涉及了学科教学的各个方面。每学期的期初对教师进行集中培训已经成为大屯中心校的规定动作。如 2021 年春季开学，学校针对研训中心下乡检查中提出来的问题，组织了“如何开展有效的主题教研”和“如何引导学生有效表达”两次集中大规模培训；2021 年秋季开学，学校又进行了“小组合作学习”“双减政策下如何进行作业管理”的培训。学科培训、小规模培训在大屯中心校已经成为常态。在培训中，学校把培训与经

验分享有机结合，抓住主要问题，根据实际需求，不走过场、注重实效。培训内容涉及作业留批、备课方法、复习策略、班级管理等，内容虽然算不上是高大上，但是小步子、密台阶的培训已经卓见成效。

（二）在“研究中练”，为提质增效

学校以“青蓝工程”加主题教研相结合的方法，采用自研、互研和组研的三线教研模式，大力开展课堂教学研究。学校每年都要面临教师流动问题，为此，中心校针对教学能力偏低的教师、新调入教师等不同情况，在开学第一周组建师徒结对，并通过“青蓝工程”启动大会，大力营造师徒结对氛围，宣读《师徒目标责任书》及《优秀师徒评选办法》。在中心校的指导下，师徒每两周开展一次师徒“对对课”活动，即每两周师傅给徒弟上一节示范课，徒弟给师傅上一节汇报课。还有很多时候，师傅会让徒弟“演课”，师傅针对徒弟演课中不足的环节亲自进行指导或示范，然后再让徒弟上课。这种言传身教的“演课”方法，让很多徒弟在课堂教学中快速成长。

为了能够让每一次主题教研更有实效。中心校把课前研、课中听、课后思的三段式主题教研作为提升教师教学能力的重要手段。这种教研模式中的课前研（研理论、研教材、研设计）、课中听（课堂观察）、课后思（说课议课、反思）三个阶段，对新教师的教材研究能力、课堂教学组织和调控能力、说课反思能力、评课议课能力的提升都是一个很好的途径和方法。

（三）在“比武中练”，为提质助力

“练与比”是大屯中心校提升教师素质的重要手段，也是贯穿每个学期始终的重要举措。中心校本着“先练后比，以比促练”的原则，让每一次练兵比武的目标更加明确和具体。如《新课程标准》分章节安排和组织教师进行学习和考试，教师每周 1 篇钢笔字，每月 4 篇教学反思等。每学年，中心校都会针对本学期教师专业发展规划和学期重点工作，合理安排各种教学比武活动，如教师三笔字比赛、说课大赛、朗诵大赛、优质课大赛、作业大展评、优秀教学设计大赛等，让练兵比武有力度，有密度。

(四) 在“反思中练”，为提质蓄后劲

几年来，大屯中心校始终把教学反思作为提升教师素质的重要途径之一。从 2014 年开始到现在，教导处开展 QQ 空间反思交流已经有近 10 年的时间了。每个月，教师按照中心校要求在 QQ 空间书写教学反思不少于 4 次，每次反思不少于 100 字，字数不在多少，关键要有自己的思考和想法。教导处每两周统计一次，每月通报一次教师反思的数量和质量。目前，教师将自己的心得或思考及时记录已经成为一种习惯，每一篇教学反思都成为教师之间彼此阅读的作品。

每学期结束后，中心校都会将教师成长中的每一个精彩篇章、精彩画面整理成册，编辑出版大屯中心校校本刊物《心路》。截止到 2022 年暑假，《心路》读本已经出版了 15 期，它见证了大屯中心校一批又一批教师成长的足迹和心灵历程，也记录了大屯中心校的一段教学发展史。

四、推进课堂教学改革，抓实减负增效的“关键点”

课堂大于天。课堂是教学质量提升的主阵地，也是教学管理的重中之重。第一，抓好集体备课。中心校利用寒暑假和开学第一周组织教师进行集体备课，并统一教学进度。第二，签订质量目标。中心校在开学第一周与各学科教师签订教学质量目标责任书。教学质量目标责任书涉及作业质量、阅读质量、考试质量、习惯质量、书写质量等多项内容。第三，探索教学模式改革。中心校探索并推行“1136 育心高效课堂教学”基本模式、语文“以文带文导读达标读写联动”、英语“一线三化六步教学法”等学科特色模式。对新调入的教师、转科教师必须组织统一学习和分学科培训，让他们先“入格”。鼓励有一定课堂教学经验的教师“破格”，形成自己的教学风格和特色。第四，加强课堂评价。对各个学科的课堂教学，制订“课堂教学评价量表”，每一次中心校听课检查时，利用量表对教师的课堂教学进行评价打分和指导。第五，加大指导力度。从上个学年开始，中心校为了加大指导力度，在各班级设立了“领导观课席”。承包各年级的教学领导、德育领导随时进入课堂，听课指导。第六，推行课堂管理口令语。近几年，中心校整理了各学科课堂教学口令语，并大力推行使用。要求教师在课堂上利用口令语组织教学，节省了组织教学的时间。

在中心校和老师们的共同努力下，教师的课堂教学水平得到了提升。在2020至2021学年，李洋获承德市语文优质课一等奖、全县小学语文示范课；江如月获承德市空中课堂精品课；林静获承德市科学说课大赛二等奖；孙雅静获全县小学语文教师素养大赛一等奖；杨艳囡、康宁获承德市学科教学能手。在上学年举行的县级优质课大赛中，我校参加的所有学科均获得一等奖。在2022年举行的全县教学管理干部说课比赛中，我校教学副校长和教导主任分别获得数学、语文一等奖。

五、规范作业管理，抓实减负增效的“助力点”

为了减负、提质、增效，中心校在作业管理中，做到三个把控，即中心校把控作业种类、班主任把控作业总量、教师把控作业内容和质量。

大屯中心校从2019年开始，在充分调研和征求各学科教师意见的基础上，出台了“作业管理清单”。作业管理清单对作业本的使用、书写、留批、单元思维导图、科学的实验记录、美术作品数量等都有明确、详细的要求。

在作业管理上，中心校按照“作业检查量表”，每月检查一次各学科作业。检查结束后，召开“作业检查分析会”，对教师作业中存在的共性问题集中指导，对个别教师存在的问题单独指导。每学期，中心校都举行“作业大展评”活动，让全体教师参与，各学科教师人人当评委，相互学习，共同提高。

六、拓宽课程建设，抓实减负增效的“集合点”

近几年，中心校在育心课程体系的引领下，拓宽课程内容，开发了腰鼓、书法、电子琴、葫芦丝、扎染、绘画、乒乓球、小足球、小篮球、轮滑、棋社等社团课程，利用党史国史教育馆，开发了党史课程和“美丽的大屯我的家”课程。最令孩子们喜欢的是读书沙龙中的小学“绘本创作”课程，孩子们在大量阅读的基础上，创作了《圆顶龙找妈妈》《彩虹色的花》《你看起来好像很好吃》等丰富多彩的精美绘本，不但开发了学生的想象力，还提升了孩子的审美能力。每周，学有余力的学生在课后服务时间都能够自主选择相应的课程参加学习活动，真正达到了提质增效。

七、强化学生学习习惯养成，抓实减负增效的“落脚点”

学生学习成绩的好坏关键在于学习习惯的培养。几年来，大屯中心校十分重视学生的学生习惯。从 2012 年开始，中心校就把听、说、读、写、算、思六项内容作为教学质量提升的重要指标，也是对学生日常学习管理的重要内容。为了能够让每一个学生明确要求，每一个学科的教师能够抓落实，中心校制订了“学生学习习惯量表”，将六种习惯提炼出基本的、简单的、精炼的要求，粘贴在每一名学生的课桌上，组织学生学习。课堂中，每名学科教师都狠抓落实，取得了一定的成效。

同时，阅读、写字、精算也是我们每天都在坚持抓的学生管理内容。各校利用故事沙龙、诵读沙龙、演讲沙龙、手抄报沙龙、绘本沙龙、记录卡沙龙及时组织活动和展示。学校每学期进行硬笔字和精算过关大赛，通过这样的活动，让学生爱上读书，提高精算能力。

八、完善师生过程评价，找准减负增效的“生长点”

评价不是筛选，而是为了发现问题，为下一步的教学指明方向，因此，大屯中心校的教学工作只要有布置就会有检查和评价。从 2012 年开始，中心校采用过程性积分评价，通过每月一查、专项督查和期末联查，对教师的德（师德考勤）、备（备课实效）、讲（课堂教学）、批（作业留批）、研（学习研究）、辅（辅导学生）、赛（技能比赛）、绩（教学成绩）八个方面进行评价。每一次检查结束及时公布结果，对存在问题的教师进行指导，提出改进建议。学期末，对教师每一次检查和竞赛成绩进行汇总登记，作为教师教学量化考核成绩。

一、二年级按照“双减”政策要求，不再进行笔试考试。我们采用“学习能力评价”方式对教师进行评价。语文从作业、拼音、识字、写字、说话、课外阅读、朗诵、背诵八个方面进行评价；数学从作业、数的认识、口算与计算、常见的量、空间几何、解决问题六个方面进行评价。这样的评价既符合

“双减”要求，又能为中心校师生今后的教学和学习提供真实有力的参考依据。

几年来，大屯教育人用心、用爱落实提质增效举措，用智、用情促教学质量提升。从 2012 年到 2021 年连续 10 年获得实绩突出单位，连续 9 年获教学质量优胜单位。

我们常说：心无杂念方能干好工作，齐抓共管才能有所发展。10 多年来，大屯中心校的管理干部把精力全部扑在教学工作上，抓教学管理，搞课堂改革，谋发展规划，走内涵之路。在今后的教学工作中，我们将继续以减负增效为指针，明确减负增效的着力点，管好时间点，抓好能力点，抓实关键点、助力点、集合点、落脚点，找准“生长点”，继续向高质量发展砥砺前行。

（董福生，河北省承德市滦平县大屯镇中心校副校长）

家校同心携手育人

承德市双滦区偏桥子镇中心小学地处偏桥子镇达连坑村，这里风光秀丽，景色宜人。学校服务于周边 11 个行政村和一个社区，在校生 383 人，在岗教师 35 人。多年来，学校坚持把家长学校工作作为一项常规工作来抓，通过申报党建品牌特色项目“加强家校共育，形成合力办学”，我校把家校共育工作做实、做细、做强。为培养孩子良好的道德情感和行为习惯，转变家长教子观念，提高家长的教子水平开展了一些工作，也取得了良好的效果。

一、成立家长学校领导机构，完善家校合作组织建设

为把家长学校工作落到实处，学校成立了家长学校领导小组，校长担任家长学校校长，聘请校外辅导员和优秀家长及学校部分骨干教师、班主任为小组成员，定期组织会议研究解决家长学校工作的重大问题和难点问题。我校还成立了家长委员会，制订了家长委员会制度。家委会每届任期一年，每年 9 月份学校组织换届选举，由校长为新一届家委会成员颁发聘书。每个学期学校都会邀请家长委员会成员来校，通过座谈会、实地巡视等形式，探讨和解决家校合作育人的措施和问题。

2020 年 10 月 19 日上午，我校组织全镇家委会成员（包括两个教学点）进行家校共建系列活动。家委会成员和同学们一起参加了升旗仪式，升旗仪式上校领导为优秀家长颁发荣誉证书。随后，家委会成员参观了我校改扩建工程及新落成的运动场，看到学校日新月异的变化，家长们感慨万千，对学校的硬件设备改进和未来规划发展充满赞叹与期待。在家委会会议上，家长成员畅所欲言，既对学校教育教学的组织、管理提出一系列改进建议，也为学校建设和

未来发展建言献策。校领导对家委会成员提出的问题一一答复，对个别疑难问题进行详细记录后上会解决，将家长们的建议纳入制订学校发展规划的重要参考。

二、完善家长学校各项制度，让家校合作全员参与

我们建立并逐步完善了家长学校的各项制度，使家校合作、家庭教育指导工作有章可循、落到实处。已经被证明行之有效的制度有《家长委员会章程》《家长学校班主任职责》《家长学校教师守则》《家长学校学员守则》《家长学校家庭教育培训制度》等。在家长学校建设中，严格执行以上制度，在活动开展中，有组织、有计划、有教材、有活动、有辅导教师、有定期培训。在评价激励中，学校将家长学校工作的参与和指导纳入到学校工作计划、学校工作发展规划和班主任绩效评估中，推动了家庭教育指导全员参与。

家委会、家长学校制度为家校合作育人提供了制度支撑，是家长参与学校管理的有效途径。但是周期性活动不能替代日常联系，要提高学校育人质量，日常的家校联系不容忽视。通过打电话、发信息、开设公众号，学校、班级及时向家长传递学生在学校学习情况，通过座谈、家访，教师及时了解学生在家情况，学校双方及时沟通、坦诚交流，不仅能实现协同育人，也能化解对立、消除矛盾。

三、借助优质社会资源，有效开展家庭教育指导

区活动中心是家长学校的总校，会利用周末时间组织家长开展“家家有教育，教育进万家”系列讲座，我校利用此资源，积极组织家长参加培训。

我校地处农村，家长素质良莠不齐，家教观念比较落后，家教方法存在随意性和盲目性，针对这些问题我校家长学校制订了一学年一周期的系统培训计划。家长培训以《小学生家长读本》《成功家庭教育探索》为专门教材，兼或临时突发主题，每学期组织两次专题讲座，与家长会、开放日结合，对不同年龄班的家长进行分期培训。培训由经验丰富、专家型教师主讲，有计划性、连续性、针对性，效果显著。

2018 年 3 月 27 日，我校举行以“家校共育，点赞未来”为主题的全镇家长会。此次活动邀请我区著名教育专家赵士义老师做了题为《家校携手，伴随孩子成长》的报告。讲座幽默风趣、深入浅出，并且理论与实际相结合，向家长分享了许多自己教育儿子的小故事，赢得了家长赞同。2019 年 4 月 18 日，我校举行毕业班家长会，邀请六年级学生家长、老师参加，并特邀承德三中教学副校长宋玉龙为师生和家长做小升初学业规划、学习习惯培养指导。2019 年 11 月 1 日，大贵口教学点举行家长开放日活动，培训老师针对孩子的教育问题面对面与家长沟通，对家长们的育儿困惑进行现场指导。

我校从 2019 年开始推进承德市家庭教育大讲堂活动，每次都积极宣传，认真组织家长参加线上培训活动，学习教育专家的先进经验有效提高了家长教育学生的水平。截至 2021 年 1 月，家长的参与率达到了 49.27％，在全区名列前茅。通过参加线上培训，家长能正确引导孩子在家轻松学习，快乐生活，营造了良好的家庭氛围。

四、开展系列家长活动，让家校共育落到实处

家长学校各项工作注重抓早、抓细、抓落实。每年期初，都召开校务工作会议，宣布每学期开展的各项工作，每个学期我们都会召开家长学校系列活动。

定期召开家长会，让家长随时了解孩子在学校的情况。每学年我们会召开两次全镇家长会，每次一个主题。比如 2019 年上学期家长会以“家校共育，点赞未来”为主题，下学期以“家校携手，伴随孩子成长”为主题。先是校领导向家长介绍学校的近期工作和发展规划；随后，组织家长们参观学生优秀作品展；接着，由优秀家长进行家庭教育经验分享；最后，班主任针对班级和学生情况向家长汇报学生的在校表现，介绍学校、班级管理制度规范以期得到家长支持。

家长座谈会由学校教导处安排，各年级、各班分别组织。座谈会上先是班主任向家长通报本班学生的思想行为、学习情况及班级管理中取得的成绩和出现的问题，然后针对当前一些家长对孩子教育的错误做法或模糊认识提出可行

性意见和指导性建议，最后由家长自由发言，针对切身感受到的班级管理中存在的问题给班主任提供建议。对班主任和家长来说，一次家长座谈会就是一次平等且真挚的交流会，交流越多，隔阂就越少，理解就越多。

创造机会和形式，让家长了解孩子。为了方便留守儿童与父母的联系，消除他们的孤独感，学校随时为他们免费提供与其父母互通电话的机会。为了加强与家长的沟通，我们每学期组织科任教师至少对每位学生家访1～2次，也可以利用电话和微信的方式，使家长及时了解到孩子在校的情况，老师也看到了孩子的另一面，为教育学生提供了便利条件。学校向家长开放，我们会特邀家长到校，参与学生的半天学习生活包括早读、早操、上课、就餐，让家长亲自了解学校的教育工作和体验孩子的在校生活。学校里的试验田是学生们的劳动教育基地，由家长志愿者担任指导老师，带着孩子们种植和收获。另外，我们的假期优秀作业报评选也会邀请家长担任评委，研学活动、文艺活动也会邀请家长来一同参与。

我校成立家长学校以来，更新和改变了家长们旧的家庭教育观念，丰富了家长们的家教知识和家教方法，通过参与各种家校共育活动，家长们一致表现出对学校教育教学工作的理解和支持。这让我们认识到，学校向家长打开的是校门，而家长向我们打开的是心门。

路曼曼其修远兮！近几年来，我校在家长学校的办学路上不断地摸索，做了一些努力，取得了不少的成绩，但仍然还存在很多不足。我们决心向优秀家长学校学习，在家教理论研究方面下功夫，在家长学校管理规范化、系统化、科学化方面再提高，做优质的家长学校，让家校同心，携手育人！

（田丽平，河北省承德市双滦区偏桥子镇中心小学校长）

办一所有品位的乡村学校

以玉兰精神点亮孩子成长之路*

河北省临西县玉兰小学坐落在全国著名劳模吕玉兰的家乡——临西县东留善固村，是一所以吕玉兰名字命名的乡村学校。吕玉兰 1955 年高小毕业，积极响应党的号召回乡务农建设社会主义新农村，她以艰苦创业、无私奉献的精神改变了村庄一穷二白的落后面貌，其先进事迹鼓舞了新中国一代农民的建设热情，得到毛泽东、周恩来等老一辈党和国家领导人的亲切接见与认可。20 世纪 80 年代，她有幸在正定县和习近平共事 3 年。吕玉兰逝世后，习近平对她的精神给予崇高的评价。1994 年习近平撰文《高风昭日月　亮节启后人——深切怀念吕玉兰同志》写道："玉兰同志虽然离开了我们，但她给我们留下了宝贵的精神财富，她的品德和风范将激励我们为党和人民的事业努力奋斗。"2008 年习近平给张全景回信："您提到的吕玉兰同志，我对她很熟悉，也很有感情，她的许多精神都值得我们学习。"2011 年习近平给吕廷祥回信："希望你和村党委一班人以开展创先争优活动为契机，以吕玉兰同志为榜样，大力弘扬'玉兰精神'。"1996 年吕玉兰获得第二届"中国雷锋"奖，2019 年又获得全国"最美奋斗者"光荣称号。

"爱国为民、艰苦创业、求真务实、无私奉献"的玉兰精神，是主人翁精神的完美表现，永不过时，是一脉弥足珍贵的能滋养我们为实现中华民族伟大复兴中国梦而努力奋斗的精神源泉。对于传承玉兰精神，玉兰小学更是责无旁贷，一以贯之。

2009 年玉兰小学就提出了"弘扬玉兰精神，培养国家主人"的办学宗旨。

---

* 原文发表于《未来教育家》2021 年第 07 期，第 31—33 页。

10余年来学校已经形成一套实效凸显的学玉兰做主人“一·三六一”育人模式。该育人模式正在本县积极推广。

一、用“一”回答“为谁培养人？培养什么样的人？”

学玉兰做主人“一·三六一”育人模式中头一个“一”，就是回答学校要“为谁培养人？培养什么人？”这个首要问题。

新中国成立前后，毛泽东主席号召：“儿童们团结起来，学习做新中国的新主人。”2012年11月17日，习近平总书记又强调：“中国特色社会主义是亿万人民自己的事业，所以必须发挥人民主人翁精神，更好保证人民当家作主。”吕玉兰一生听党话、跟党走，是一个“傻于集体、傻于人民、傻于社会主义，一傻到底永不反悔”的人；玉兰精神，是社会主义主人翁精神的完美表现。玉兰小学坚定为党育人、为国育才的政治方向，吕玉兰就是师生共同学习的最亲近、最熟悉的好榜样。

玉兰小学以校园文化“办学思想——以玉兰精神点亮每个孩子心灵之灯；办学宗旨——弘扬玉兰精神，培养国家主人；校训——学玉兰做主人；成长信仰——做共产主义事业接班人，让世界因我而美丽”为引领，清晰、坚定地回答了这个首要问题。玉兰小学高举用红色基因育心铸魂的旗帜，多年一以贯之，探索出“欲培养主人翁健全人格，必先培养起做主人”的四种内在品质。四种品质即有仁爱之心、有敬畏之情、有担当之志、有创新之行。

凡是人，皆需爱。人的生存和成长，都是以爱为出发点和归宿点；对人有多大的爱，对其生存和成长的真理就有多大的渴求和敬畏；人一旦能够认识到真理，就没有不立志与真理同在并发展真理的；爱和真理是光和热，本是生生不息的，所以，与爱和真理同在的人，自然都是勤奋的诚实的劳动者，劳动即是生产，生产就是创新。共产主义是对人最大的爱，是人类社会最大的真理，玉兰小学的教育就是要引领学生信仰它，向它前进。

二、用“三六一”回答“怎样培养人？”

“三六一”即在常规教育教学生活中实施“三”项唤醒做主人的活动，搭建“六”个锻炼做主人的平台，设立“一”个激励做主人的加油站。

（一）“三”项唤醒做主人的活动

第一项，读书研学。读书就是要深入阅读榜样传记。首先必读吕玉兰的故事，学校依据纪实文学传记《吕玉兰》编撰学生读本《吕玉兰的故事》，根据吕玉兰的同学、老师和同事回忆编写《我心目中的吕玉兰》一书，把习近平关于教育的重要论述思想与吕玉兰事迹相结合又编写思政课校本教材《学玉兰做主人》一书，供学生课内课外阅读；研学就是组织学生重走玉兰创业路，带着“吕玉兰为什么能够成为著名劳模?”这个问题，走进吕玉兰纪念馆、故居、纪念林和田间故道，让学生在实地参观、劳动体验和远足拉练过程中思考、交流寻找解答。在读书和研学当中，让学生明晰感知吕玉兰爱国为民、艰苦创业、无私奉献和催人上进的亲切形象、深厚感情和崇高意志。培养学生感恩玉兰、学习玉兰的思想感情。

第二项，明志抒怀。玉兰小学编写了《玉兰小学生做主人明志词》，其内容有 8 句话：“我爱玉兰，我有理想，我是玉兰好学生；我爱生活，我会自立，我做自己的主人；我爱父母，我做家务，我是家庭的主人；我爱学习，我乐交流，我是课堂的主人；我爱劳动，我守纪律，我是校园的主人；我爱助人，我讲诚信，我是社会的主人；我爱健身，我能创造，我是国家的主人；我爱和平，我拥大同，我是世界的主人。”学生每日上操之后用明志词集体铿锵宣誓，各班的班会课上也用它集体宣誓。用明志词为主，谱曲制作校歌《学玉兰做主人》，学生每日课前必唱校歌，各班班会课上必唱校歌。宣誓词、唱校歌，以集体的意志、艺术的形式把学玉兰做主人的意识种植在每个学生的心里。

第三项，自查内省。以“选择好，立即做，做到底，勤自查”十二字为秘诀心法，时时检查自己知行合一做主人的发展状态，提醒自己不可偏离做主人之道，培养学生每日三省身心的好习惯。

（二）“六”个锻炼做主人的平台

第一个，家庭层面做主人。首先感恩孝敬父母，做家务“365”。一年 365 天，玉兰小学生天天必须做家务，从低到高不同的年级安排有不同的家务活。其次倡导小学生带领家长学习。要求学生锻炼管理自己家庭作业的能力，同时要积极带领家长每晚一起学习至少 20 分钟，家长学习内容自选。

第二个，课堂层面做主人。学生天然就是学习的主人，教师的教学活动要想有效必须依靠学生来实现。我们深信核物理学家钱三强的观点："知识，主要是靠主动'抓'出来的，不是靠'教'出来的。"为了促成每个学生学会学习，学校实行"五阶教学法"，"五阶"即"学必疑"——在无疑处也要设疑；"疑必究"——不究疑不足为真学；"究必讲"——讲多少才知懂多少；"讲能通"——自圆其说力求通透；"通能活"——活学活用体验成功。以此聚焦训练学生养成自主、合作、探究的学习方式。

第三个，班级层面做主人。主要做法是每班必须实施值日班长制度，培养学生担负集体责任的意识。各班在常规班委会之外，其他每名同学都要轮流做值日班长。值日班长的职责是对班内同学当日的一日常规表现依照班级制度进行监管、服务、评价和总结，填写工作汇报表。

第四个，学校层面做主人。给一至六年级学生都设置不同的做学校主人的平台。除少先队组织各年级同学都有参与外，给一至三年级同学设置校园小主人志愿岗，让他们有参与体验学生校园自治的机会。四至六年级学生必须以班级为单位轮流参加学校值周自治工作，人人还有自愿参加竞选学生会管理工作的权利。

第五个，校外层面做主人。三至六年级每周一个年级的学生轮流到校外玉兰公园、幸福敬老院和村民活动中心做志愿者。学校要先告诉学生在校外不同的场所各需遵守的公德和法纪，倡导全体学生在校外人人必做遵守公德、文明守法的监督员、宣传员。要求学生经常收看新闻联播，培养关心天下大事的意识。

第六个，自我层面做主人。自主方可成人。学校要求二至六年级学生每天都写"三省身心，日行一善"成长日记。其内容分两个，先是写自我反思，如今天我做家务，擦、扫校园，主动捡垃圾了吗？今天我学习时，发现、提出问题了吗？今天我帮助了谁？今天若有做错事，我主动承认错误，接受批评了吗？今天我应该感谢谁？表扬谁？然后写一件印象最深的事情。

（三）“一”个激励做主人的加油站

加油站就是主题班会。学校统一要求每周班会都用同样的大主题——“学玉兰做主人，我最棒!”，副标题由各班具体选定。主要目的是通过实施表扬与自我表扬为主、批评与自我批评为辅的班会形式，对一周当中做主人表现好的同学由班集体给予表扬，激励大家养成积极做主人翁的习惯，积极锻炼做主人翁的能力，促进同学们有效地形成知行合一做主人翁的人格。

三、传承红色基因点亮乡村教育之路

玉兰小学不断强化学习玉兰精神教育，不仅收到了纲举目张、“五育”并进的良好效果，而且思想道德的长期修养，良好习惯和人品人格的养成，为学生的中学乃至大学阶段积蓄了巨大能量。几年来，玉兰小学毕业生升入中学后，不少成为全校学习的尖子生、全面发展的优秀生。这种现象引起了不少专家学者的关注。国家关心下一代工作委员会专家委员会副主任林格博士深入考察研究后，形象地称之为“驼峰”效应、“驼峰”教育。我校学生在学校、家庭和社会上的表现，得到广大群众的高度认可。十里八乡甚至县城和外县的家长慕名把孩子送来读书，玉兰小学从 10 年前的 200 多名学生增加到 1100 多名学生。学校先后获得主要荣誉有“河北省素质教育示范学校”“河北省关心下一代工作先进集体”“河北省学校思政课工作先进集体”“全国‘钱学森大成智慧教育’德育先进学校”“全国养成教育实验学校”等。

2018 年 10 月，玉兰小学传承红色基因的“多维度开发课程，全方位培养‘主人’”的做法，被教育部评为“全国中小学德育工作典型经验”在全国推广。2019 年 6 月，受省教育厅推荐，玉兰小学作为全省唯一代表，在教育部举办的全国省级德育骨干示范培训班上作题为《立德树人学玉兰，知行合一做主人》的德育工作经验报告，赢得专家和全体同人的好评。2020 年 11 月 24 日，《人民日报》对玉兰小学探索创新思政课的经验以《让梦想在这里起航》为题进行了深度报道。

（乔培服，河北省邢台市临西县玉兰小学校长）

向美而育

我们第二中学附属小学于 2020 年 9 月成立，当年首次招生，到今天才走过了 3 个年头。蹒跚起步的二中附小，从办出一所高质量农村学校的初心出发，秉持“遇见美好、共同成长”的办学理念，通过不懈努力实现学生、家长、教师的共同成长，最终实现学校的成长。让每一位附小人都能在这里感受到环境美、语言美、心灵美和行为美，用“向美教育”的办学思想，走出一条文化引领学校发展之路。

一、“向美教育”的环境文化建设

学校面积不大，我们以“小而美”“小而精”“小而秀”为基本思路，使学校环境处处优美。做到有校徽、校训、校名，启智楼、润德楼、健体楼楼宇标识醒目，不但迎面绿树成荫，而且四季有绿；室内环境处处展示班级生活，充满活力。我们要用优美的校园环境，润物无声地滋养每一个孩子的心灵。

二、“向美教育”的教师评价文化

教师是学校发展的主力军，我们的教师评价的目的是提高教师的教学积极性，着眼点是育人，目标是形成合力。我们坚持把师德师风作为评价的第一标准，划定教师红线，在这个底线以上的老师都是合格教师。我们的优秀教师标准并非遥不可及，第一教师行为是否合乎教师职业规范；第二是否做到一切为了孩子的成长；第三是否把自己的专业成长作为追求；第四是否把维护学校荣誉作为行为自觉；第五是否做好家校共育。用这种评价标准评选优秀教师进行表彰，我们的方向是挖掘教师工作中的亮点，让优秀成为多数，成为人人可以追求的目标。

三、“向美教育”的德育建设文化

我们始终把立德树人融入思想道德教育、文化知识教育、社会实践教育各环节，培根铸魂、启智润心。将“五育融合”的理念与学校德育工作结合，通过课堂教学、课程建设、班级管理、家教共建实现德育教育。“向美教育”的德育是德智体美劳相互支撑，协同整合，强调以学生的视角，全员参与，全域协同，力戒空洞说教。

“向美教育”的德育重在日常学习中培养学生良好习惯，牢牢抓住每周升旗、清明祭英烈、六一欢乐行、七一红心向党、开学迎新生、十一与国同庆、秋季运动节、艺术节等关键节点，开展主题活动，为学生系好人生第一粒扣子。

四、“向美教育”的学生评价文化

我们倡导的“向美少年”是人格健全、体魄健康、习惯良好、情趣高雅、全面发展的人。面对有差异的学生，实施差异化评价。要深入了解每一位孩子，找到适合他们的最近发展区，进行有效的积极评价。使学生表现得更加主动，探索的欲望更加强烈。

从“五育并举”的角度，以班级为基础，以年级为规制评选附小的“向美少年”。智美少年考察学习准备，学习效果，课堂表现，作业习惯，学习态度；德美少年关注言行文明，心态积极，热爱集体，团结合作，遵规守纪；健美少年关注体质健康，坚持锻炼，热爱运动，视力良好；艺美少年关注兴趣广泛，才艺突出，有艺术特长，爱参与艺术；技美少年关注生活自立，家务劳动，校内劳动，动手实践。“向美少年”力图使每位孩子都能发现自己的闪光点，向美而生。

五、“向美教育”的课堂文化

减轻学生课业负担的出路在于改进课堂，在于教师的专业成长。只有不断地研读课标，钻研教材，才能提高课堂效率。我们追求的课堂设计要有基于真实问题（情境），正确的问题解决方案。教学设计由“教师教学活动设计”转向“学生学习活动设计”，教学实施从课时教学转向主题单元教学，体现教学评一致。精准布置有效作业，减少无效劳动。

有品位的学校一定是追求美的学校，我们希望通过我们的努力，让我们所有的孩子在这里培根铸魂、启智润心，人人今日成为“向美少年”，明日成为国家的栋梁。我们愿意陪伴每一个逐梦的少年，在这里遇见美好，共同成长。

（朱普，河北省邢台市平乡县第二中学附属小学校长）

办一所有口碑的乡村小学

双滦区大庙小学是一所农村半寄宿制小学，位于双滦区最北端的大庙镇，北临隆化县、西临滦平县、东临承德县，距离主城区 30 千米，服务大庙镇 10 个行政村。学校现有教师 45 人，学生 400 人，其中小学 300 人，幼儿园 100 人，全镇三至六年级 170 名学生周一至周五全部在学校住宿。镇域内的一所幼儿园和三个“2＋3”管理模式的教学点实行与中心小学一体化管理。我是从 2017 年 9 月开始任这所学校校长的，经过几年的经营发展，学校形成了独具乡村气息的“阡陌文化”。学校秉承“质量立校、文化强校、科研兴校”经营理念，坚持“六大引领”、实施“五讲四深六主动”管理法，逐步形成了六张学校特色名片，走上了一条“小而优、小而精”的乡村小学内涵发展之路。

一、坚持六大引领，打好提质组合拳

（一）以榜样引领

为全校教师树立坚守农村，夯实本领，磨炼意志，大展宏图的榜样群，为全体学生树立在大庙学习一样可以有后劲有出息的信心，通过榜样群带动全校师生直面困难，爱岗敬业，以校为家，接续奋斗，努力提质。我们为全校师生树立了四大榜样群：第一是留住初心续写辉煌教师群；第二是坚守初心扎根乡村从教 10 年以上教师群；第三是大庙小学优秀毕业生群；第四是最美双滦人群。

（二）以健康为引领

习近平主席说：“要倡导健康文明的生活方式，树立大卫生、大健康的观念，把以治病为中心转变为以人民健康为中心，建立健全健康教育体系，提升全民健康素养，推动全民健身和全民健康深度融合。”为使全校师生提高健康意识，养成良好的强身健体习惯，学校实施了全员参与的“同步同声同行”的三同强身健体计划，使全校师生每日精神饱满，昂扬向上，健康步数每天不低于 5000 步。下午一班一品的阳光体育活动既强健了师生体魄又丰富了师生的业余生活，使“每天锻炼一小时”的要求不再是一句空话。

（三）以读书为引领

提升师生文化底蕴，合理规划师生读书内容、读书时间、读书评价，坚信“古今中外、开卷有益、书香致远、厚积薄发”，学校在教育部推荐书目中为一至六年级学生遴选了 166 册读物，每个假期通过推荐必读和选读书目的办法引领家长自主购书阅读。自 2017 年 9 月开始，大庙小学把主题阅读活动从课内引向课外，从课堂教学引向课程建设，逐步构建起“124N”大阅读课程体系框架，即“1”条主线——课内阅读；“2”个外延——主题课外阅读书目和假期推荐阅读书目；“4”个微课支架——晨诵微课，午唱微课，暮读微课，晚视频微课；探索形成“N”种课型。深入推进“124N”大阅读课程体系构建与实施，常态化实施小书虫争霸赛。

（四）以教科研为引领

我校坚持问题即课题意识，以科研促教研，以教研促教学，以教学促质量提升。以省级“十三五”一般资助课题“农村寄宿制小学语文课内外阅读策略”研究为引领，同步实施“小学古诗文吟诵课程开发与实践策略研究”课题、“农村寄宿制小学数学课外阅读策略研究”课题、“1＋N 专递课堂实践策略研究”课题。孙亚辉、黄国军、孙宏伟、李致新等校领导主持课题研究，全校教师全部参与课题研究工作。坚持“我的地盘我做主”的课改精神，形成了“三段六环阡陌课堂教学”模式，极大地缩短了新教师成长为合格教师的周期。

（五）以服务为引领

引领教师树立全局意识、服务意识，坚持三服务管理，即领导为教师服务，教师为学生和家长服务，学校一切工作都要为教学服务。

（六）以梦想为引领

通过拥抱未来文化长廊展示 18 所国内外优秀大学的方式，在孩子们幼小的心灵中埋下一颗颗筑梦远航的种子，为孩子成长、成才导航。

二、实施一个方法，实现有温度的管理

学校领导班子率先垂范，做有情有义的领翎人。在工作原则和工作方式上努力践行“五讲四深六主动”管理法。“五讲”即讲团结、讲原则、讲规矩、讲程序、讲实（时）效；“四深”即深入课堂听评导课、深入班级狠抓习惯、深入学生实施管理、深入教师倾听服务；“六主动”即把我们的服务对象都当成是自己的亲人，真正发自内心地主动合作、主动关心、主动关注、主动赏识激励、主动严格要求、主动健康引领。

三、形成六张工作名片，为减负提质助力护航

（一）校本课程

在全面落实国家和地方课程的同时，积极探索并构建农村寄宿制学校阡陌校本课程体系，实施阡陌日课程、阡陌周课程、阡陌行为课程、阡陌社团课程和阡陌体验等五大校本课程。

（二）绘本“漂流”阅读

为实现阅读资源共享，将有限的绘本图书发挥最大效益，学校将所有绘本图书分四组在镇域学校（班级）内进行有序“漂流”阅读。

（三）个性社团

学校以国家级非遗“古诗文吟诵”、省级非遗“康熙与大庙的传说”、市级非遗“龙凤花鸟字”三级非遗课程为引领，根据教师个人特长开设了飞鹰男女足球等 15 个社团课程，实现了全校教师人人带社团，全体学生每学期参加一个社团的目标。全校三至六年级学生全部掌握葫芦丝吹奏技能。

（四）专递课堂

2020 年 11 月，双滦区“1＋N”专递课堂现场推进会分别在区实验小学和大庙小学召开。目前区实验小学和大庙小学已经建成“1＋1”专递课堂帮扶平台，实现了远程优质教学资源、优秀师资、优秀教研等为载体的成长共同体，教学、教研常态化实施。大庙小学和所辖的 3 所教学点已建成“1＋3”专递课

堂帮扶平台。3 个教学点一至二年级的学生每周都可以通过专递课堂和大庙小学的学生同上一节课，除了语文、数学、科学等学科的常规教学活动外，还有效解决了音乐、美术教师紧缺，教学点走教路程远、交通不便的问题，让教育普惠的阳光温暖到农村的每一个角落。

（五）教师发展

成就教师即尊重与信任教师、激励与理解教师，要给教师提供发展和展示的舞台；要有“海阔凭鱼跃，天高任鸟飞”的制度支持；要有教师自身专业发展的强大内驱力做保障，为教师“缺啥补啥”。如，“评聘职称自评 100 分表”有几项硬性指标：年终考核等次优秀、优质课、课题研究、发表论文、培养新人、政府奖励等，对于这些标准我们都努力帮助老师们补齐短板。

实施暖心行动。改善教师在校值班住宿环境，由 16 人间调整为 4 到 6 人间；为教师购买洗衣机；为老师装修淋浴室；学校食谱实行校长审批制，值班教师每天用餐只需 5 元成本费；为退休教师举行荣休仪式；争取镇、村、交通局支持为学校铺建并绘制了 17 个专有停车位；与大庙镇和公交公司积极协调，教师可免费乘坐大庙镇通勤车上下班，保障了我校教师上下班的通勤。

（六）作业改革

学校结合“双减”和“五项管理”要求，规范了各年级各学科作业内容、数量、完成时限及质量要求，做到作业不出校。学校出台了“大庙小学各学科作业框架一览表”和“大庙小学各年级阅读书目推荐框架表”，规定教师在教案中要体现当天作业内容、数量和作业完成时间，教导处负责审查、督导，确保学生每天“完成的作业”变成“有趣的作业、分层的作业、多元的作业、自选的作业……”，确保一、二年级不布置书面家庭作业，三至六年级各学科作业总量不超过 60 分钟，每天由班主任协调分配好各学科书面作业时间，使“作业减负”形成常态化规范管理。自“双减”工作开展以来，学校从课堂教学、校本教研、教师培训、岗位练兵、教学评价、作业监管、业务领导示范引领等多方面进行了细化改革，进一步规范教学行为，切实减轻学生校内负担，培养学生学习兴趣，提高教学质量。

四、默默耕耘，自绽芬芳

俗话说得好：金杯银杯不如老百姓的口碑。经过几年的直面问题，默默耕耘，接续奋斗，大庙小学已经走上了一条“小而优、小而精”的乡村小学内涵发展之路。自 2017 年以来，有 1 名教师获评“河北省优秀教师”、1 名教师获评“承德市学科带头人”、3 名教师获评“承德市教学能手”、1 名教师成为全市语文名师团队核心成员、10 名教师获评“双滦区骨干教师”，在省、市、区级各项赛课活动中获奖 39 人次，在国家级刊物发表教育论文 20 余篇。胡光喜、孙宏伟、孔祥龙 3 位教师和学生韩湘从 2018 年起陆续登上了代表全区各行各业最高荣誉的“最美双滦人”领奖台，2018 年孙宏伟老师作为河北省 13 人之一入选“全国首批乡村优秀青年教师培养奖励计划”。我校教师撰写的《为生命铺上底色》《以乡村教师视角看区域教研》《“1＋N”专递课堂串联城乡教育发展》等 3 篇教研作品分别被《承德日报》《中国教师报》刊发。2015 年至今，大庙小学飞鹰男女足球队共获得区校园足球联赛冠军 3 个、季军 4 个、市长杯亚军 1 个。2018 年起大庙小学连续 4 年被区教育和体育局评为年度“优秀单位”。双滦区非物质文化遗产项目“传承基地校”，“河北省学能课程实验校”，承德市第一所“中华经典吟诵实验校”，“全国青少年足球特色学校”，承德市首批读书工作先进学校，承德市安全稳定工作先进学校等荣誉相继落户大庙小学。

一路前行，一路耕耘，一路采撷，一路成长，学最好的别人，做最好的自己。我们虽然地处阡陌交错的山乡，但是植根乡土、追求卓越的教育初心从未改变，提升质量、筑梦远航的担当脚步从未停歇，脚踏实地做事、持之以恒育人的信念坚如磐石。

（孙亚辉，原河北省承德市双滦区大庙镇大庙小学校长）

打造读写特色，熔铸文化品牌

建设有特色的校园文化，提高人文道德素养，拓宽学生视野，培养高素质的人，已成为当今学校面临的新课题。要想打造学校自己的办学特色，走学校品牌道路，我觉得应该因地制宜，开发和选择适合学校自身发展的特色项目，只有这样，才能够保证学校特色亮点打造工作顺利进行。

从调入拉海沟中心校任职，我就在想应该打造一所什么样的特色学校？和县城学校比起来，拉海沟学生普遍家庭经济困难，学校师资力量薄弱，要想在音乐、美术等方面发展十分困难，更没有那个条件。随着对拉海沟地域文化的深入了解，我发现拉海沟村是普通话采集地，而普通话不仅是我县近几年主推的特色品牌，同时“读、写”也是语文教学中要求的重要内容。而学校恰好有一位喜欢研究书法的老师，更重要的是读书写字不花钱。基于这几点考虑，我校果断地把“说普通话、写规范字”作为学校文化的发展特色。

一、“写”的特色创建

在“写”的方面，我们动员学生写、教师写，并自创了一套我们自己的评价方式。

通过常态书法课、书法精品课、写字社团来指导学生好好写字。学校把爱好书法的梁树晋老师设为专职的书法教师，给每个班每周开设一节书法课。利用住宿生晚上放学到吃晚饭之前的一小时时间，由梁老师每天晚上教授一节写字课，组建学校的书法精品班。每周五下午定为全校写字社团活动时间，周四下午最后一节课由梁老师给语文老师辅导写字，周五下午第一节课语文老师给学生辅导写字，第二节课学生把练好的字写在书法纸上。写完后把作品贴到楼道书法展示墙上，每班一块地方，每个学生都有展示的位置。

教师要专门练习粉笔字，还要跟着学生一起练习钢笔字。全体教师要每周写一版粉笔字，放在门厅展示。由梁老师提前写一版粉笔字和讲字视频一同发到教师群里，老师们自学视频，描着梁老师的范本写粉笔字。每周五下午教师和学生写字社团一起写钢笔字，楼道里专门有一面老师钢笔字展示墙。

师生书写质量成为评价考核的重要指标。教导处要求全体科任教师在学生作业书写上进行指导，每月评选各科优秀作业，并把作业书写质量作为教师年终考核的重要一项。每个班侧墙都设有书法作品展示栏，学生每周的写字课作品贴到上面展示，一周一换，同时各科老师随时可以把优秀作业展示到作品栏里。学校每学期组织一次教师粉笔字比赛、一次钢笔字比赛。赛后由梁老师、校领导、学生代表评选出优秀作品，并计入年终考核成绩。教师每学期上交的教案、反思等，由教导处评选书写内容，由梁老师评选字迹美观程度，评比结果作为教师年终考核一项指标。

细化评价体系，激励雏鹰争章。为了鼓励师生写好字，我们把学生作业和教师教案等分为三个等级，分别是“悦”“秀”“美”，为所有主科教师每人配备一套书写章，同时出台具体评价细则和书写章的使用办法。教师的书写章也分为“悦”“秀”“美”三个等级，但评价标准比学生的更严格。在书写章的使用上，学校有严格规定。要求所有的书法章都要扣在统一的位置，并且每次使用都要沾满印泥，正正当当地印在右上角。使用者对印章尊重，更是对优秀作业、优秀教案的认可、鼓励和赞许。这让书写章更有说服力，更有意义。师生书写章的获得不仅在年底进行评比，同时每周获得书写章最多的学生可以在周一升旗现场从大队辅导员那换取雏鹰章。双向评比，鼓励学生认真书写，提高书法水平。

二、“读”的特色创建

要利用好一切可以读书的时间。语文课堂教学要求语文教师在每节语文课上都有读的内容，课前三分钟读书。教导处要求学生对所学语文课文都能够做到熟读、有感情地读。早读时间，由班主任带领学生诵读经典，并为读得好的学生录视频，在学校播放。班级由班长组织每周一次朗读比赛，年级由语文组长组织每月一次朗读比赛，学校由教导处组织每学期一次朗读比赛。学校把每周四大课间定为学生朗诵展示的时间，学生自己到教导处报名，篇目自定，由教导处组织报名学生现场朗诵，以学生掌声激烈程度评定朗诵好坏。每个朗读日都有一位领导、一位教师参与朗读。

为庆祝建党一百周年，我校开展了“学党史、知党恩、听党话、跟党走，讲党史故事一百篇”活动。考虑到我们拉海沟是普通话采集地，而我校又要打造小学生普通话体验基地，所以我们在讲党史故事的时候身边都放着字典，对掌握不好的读音随时翻阅字典查看。我们的党史故事不仅由我校的党员、教师、学生、家长讲，还请了团委书记、镇长、教育局副局长、党校教师、清华大学学生等 21 位外援帮我们讲。因为我们的党史教育是以故事的形式开展，所以在讲正史的基础上还能做到不枯燥，有趣味，当时一经播出就得到了各界人士的一致好评。视频总点击量高达 16 万次以上，其中省级优秀村书记讲的《彭德怀回乡调查显风骨》党史故事，获赞 532 个，转发 230 次，单篇浏览量达 1 万余人次。

讲党史活动得到了社会各界的广泛关注。应宣传部要求，我们结合我校读写特色，又开展了“说普通话、写规范字”普通话小课堂的录制工作。一开始我觉得有录制党史故事的经验，录制普通话小课堂应该很容易，可是工作真做起来才发现普通话专业性太强了，录制起来也很费劲。第一，内容不好找，网页上、短视频有一些相关内容，可甄别后发现有些用词不准确，有些只是四字词语而非成语，还有的内容太短，凑不够三分钟的内容。第二，编辑好内容后，录制需要师生配合，需要导演现场指导站位、眼神、语气、标准音发音等。一个三分来钟的小视频，我们可能会录制几十遍。第三，对普通话界定、特殊发音等掌握不准。比如有一期录制“不”字开头的成语，“不”字虽然字典里发音只有四声，但在口语化读音中有变调，变调的概念是指汉语的音节在连续发出时，其中有一些音节的调值会受到后面的音调声调的影响，从而发生改变的现象。“不”的读音的变调规律是“不”后面的字是一声、二声、三声时，“不”字要读四声，如不行、不好、不能、不声不响。“不”后面的字是四声时，“不”字要读二声，如不对、不会、不厌其烦、不近人情。再后来为了不出错，我们就请县推普办主任每期都帮我们把关。有了专家的引领和指导，我们后续的视频录制就快多了。

由于我们的普通话小课堂内容贴合县宣传重点，制作精良，滦平电视台主动联系我们并为我校的读写特色做了一期新闻节目。新闻播出后市电视台进行了转播，并推荐到了省里。

三、读写环境的创建

调入拉海沟工作后，我就发现楼道腰线已经破烂到必须更换的程度。当时我就想怎么让腰线在美观的同时还能结合学校读写文化特色呢？于是我想到把小学生语文课本上所有一类生字放到腰线上，既起到装饰作用，还能帮助学生识字。于是我带着教学副校长利用周末时间到广告公司，亲自设计样式。白色打底红色田字格黑色楷体字，装饰在楼道上即简洁干净，又有文化气息。每位来校参观的领导、家长都赞不绝口。

三层楼的楼道，总共放了 3025 个字，其中有 2460 个一类生字，剩下的采用二类生字。根据年级的高低，生字也从一楼的简单生字到三楼的较难生字排列。为了充分利用楼道腰线，每周由德育处组织学生开展识字活动。识字比赛有过关赛和挑战赛。过关赛就是本学期书上的生字和之前学过的生字必须都认识，对于没学过的生字进行挑战，本年级识字最多的获胜。孩子们为了获胜，每天路过楼道都要主动读一读，认一认。

根据学校读写特色，我们把大课间的自编操改成了与读写相关内容的《中国字，中国人》。在选乐曲上，我结合读写特点，搜了很多歌曲，既要符合读写特色，又要能够作为大课间操使用，同时还能符合小学生特点。这首《中国字，中国人》歌曲我选用的是童音版，乐曲优美动听，积极向上，歌词充满写好中国字，做好中国人的正能量。乐曲选好后由学校几位年轻教师编舞，编好后先交给老师，再由几位老师分班教学生做动作。 个月后，这个极具读写特色的大课间操就成型了。学生每天走进校园不仅读好书，写好字，还能在大课间锻炼的时候感受良好的读写氛围，潜移默化中培养学生对读写的热爱之情。

创建学校特色文化，要立足学校实际，关注学生需求，挖掘本土资源，精心策划，有目的、有计划地开展。只有这样，才能够保证学校的特色文化打造工作取得实效。

（曲美州，河北省承德市滦平县拉海沟中心校校长）

翰墨丹青美育未来*

“各美其美、美人之美、美美与共。”为培养学生认识美、欣赏美、创造美的能力，传承和发展中华民族优秀传统文化，辛集市新城民族学校于 2018 年 11 月成立了学生社团“翰墨丹青”工作坊。工作坊利用课后服务时间，在专业教师指导下开展国画练习和创作活动，旨在激发学生艺术兴趣和创新意识，培养学生健康向上的审美趣味、审美格调，为爱好国画的学生搭建了交流互鉴、共同提高的平台。

一、小荷初绽放　笔舞丹青

国画是中华民族优秀传统文化的一部分，借景抒情，托物言志，体现了中华民族传统的审美观、哲学观，内容上注重构思，造型上讲求“妙在似与不似之间”。由于其表现形式及所用工具、材料的独特性，对于初学的孩子来说有一定的难度。经过筛选比较之后，我们选择了从临摹写意荷花蹒跚起步。每次的国画社团活动课上，孩子们都积极参与，认真揣摩、练习，指导教师悉心指导，让学生体会国画魅力，激发学生兴趣，感受国画中墨线和墨韵的美。经过月余时间的练习，起初的满纸涂鸦，逐渐出落成一幅幅稚嫩的荷花。小荷初绽的喜悦进一步激发了孩子们学习国画的热情，孩子们笔舞丹青，于是乎樱桃、辣椒、西瓜、蜜桃、小鱼、小鸡都跃然纸上……2019 年“六一”儿童节期间，“翰墨丹青”工作坊师生带着作品参加辛集市艺术节美术作品展，并现场作画，引来与会师生、嘉宾驻足观看，纷纷给予好评。

---

* 原文发表于《河北教育（德育版）》2021 年第 7—8 期合刊，第 32 页。

二、写意水墨间　笔触连环

学生初步掌握了一些国画技法之后，指导老师发现了孩子们对水墨画的偏爱，他们对水墨花鸟往往有独特的感受能力和表现能力，从构图到用色都不拘一格，虽稚气十足却又不乏新意。工作坊里蝉鸣涧幽、蝶舞花香、鱼翔浅底、鹰跃石上……一派生机盎然的景象。然而这些单幅的作品似乎仍不能尽兴，这些花鸟鱼虫之间能演绎出什么样的故事呢？在看了水墨风格的动画片《小蝌蚪找妈妈》之后，孩子们非常兴奋，决定尝试着把几个经典场景临摹下来，在老师的鼓励和指导下，“翰墨丹青”工作坊的水墨连环画册《小蝌蚪找妈妈》诞生了。通过国画实践课，孩子们的绘画水平和审美能力得到了进一步提升，培养了他们健康向上的审美趣味、审美格调、审美理想。

2020 年 10 月，辛集市电视台对工作坊的开展情况进行了报道，媒体的肯定进一步激发了孩子们认识美、欣赏美、创造美的热情。

三、我手绘我心　童心向党

2020 年 10 月由中共中央办公厅、国务院办公厅印发《关于全面加强和改进新时代学校美育工作的意见》指出，将学校美育作为立德树人的重要载体，坚持弘扬社会主义核心价值观，强化中华优秀传统文化、革命文化、社会主义先进文化教育，引领学生树立正确的历史观、民族观、国家观、文化观，陶冶高尚情操，塑造美好心灵，增强文化自信。

我校也积极将国画教学与学校各项德育活动相结合，让国画发挥“美”的特殊功用。

为庆祝中国共产党成立 100 周年，2021 年以来学校开展了“学党史，知党情，颂党恩”系列活动。“翰墨丹青”工作坊的孩子们计划以“童心向党展五彩画卷，笔墨丹青绘美好生活”为主题，筹备一次画展，为党的百年华诞献礼，却又不知道画什么好，怎么画。于是他们找到校长寻求帮助，校长对这一想法非常支持，邀请了中国美术家协会会员、国家一级美术师赵文彬老师来给孩子们进行讲座。赵老师在讲座中指出，许多学美术的学生基本功并不差，但要参加主题性画展，却无从下手、不摸门儿，不会起稿、无从画起，是因为他们只注重临摹不注重写生，不能做到我手绘我心。赵老师指出，我们画的是鹰而不是李苦禅的鹰，画的是马而不是徐悲鸿的马，在画这些时当加一个我字，我怎样画鹰，我怎样画马。他还特地为孩子们创作了国漫连环画《国宝演艺》，现在已经成为国画班的校本教材。

赵老师的讲座一语点醒梦中人，孩子们决定从身边的事物入手，对比今昔变化，感受生活变迁，学党史，颂党恩。于是国画中引入了铅笔描边甚至还加入了水彩的颜色，“爷爷的玩具、爸爸的玩具、我的玩具”很快成为一个系列，“灯的变迁”“车的变迁”等纷纷结集成册。德育和美育相融合的活动，凸显了新时代学校美育“纯洁道德、丰富精神”的新价值，提高了学生审美和人文素养，增强了师生的道路自信、理论自信、制度自信、文化自信。

以美育人，以文化人，立德树人。在我们学校喜欢国画的孩子越来越多，学生们的国画技能显著提高，学校的文化氛围也越来越浓厚，国画正逐步成为新城民族学校的特色，家长也纷纷为这样的课后服务点赞。

（薛志峰，河北省辛集市新城民族学校校长）

让校园充满七彩阳光

昌黎县安山镇中心小学位于昌黎县安山镇安山街村。学校始建于 1914 年。学校现辖大刘庄教学点、贾庄教学点、安山镇中心幼儿园。占地面积 32 200 平方米，校舍面积 6244 平方米。我校秉承“让教育充满阳光”的办学理念，以“建阳光安小，铸童心乐园，炼阳光教师，育童真少年”为办学目标。坚持立本求真、以爱育爱，围绕“阳光”主题，积极打造“阳光校园、阳光管理、阳光课堂、阳光教师、阳光少年、阳光课程、阳光社团”为内容的七彩阳光育人体系。

学校先后获得“教学先进单位”“书香校园”“文明校园”“数学教研基地校”“语文教研基地校”“双微”实验校等荣誉称号。

一、阳光校园流光溢彩

学校校园文化独具创新，传承与创新交相辉映。学校现有专业室 7 个：党建活动室、少先队活动室、科学实验室、图书室、舞蹈教室、计算机教室、科技萌娃活动室。

学校三层教学楼围绕“阳光教育”布置楼道文化：低年级以“播撒阳光，打造自我”为主题，注重行为习惯的养成教育；中年级以“追逐阳光，展现自我”为主题，注重学生的全面发展，高年级以“拥抱阳光，成就自我”为主题，注重学生的收获成长。

从 2018 年至今，教育局先后为我校出资 806 万元改建幼儿园、教学点、食堂和操场。我校也先后出资近 70 万元为幼儿园建阳光房、教学楼更换窗户、教室安装电风扇等，努力改善办学条件，使学校的环境发生了翻天覆地的变化。这些变化得感谢政府的投入和各级领导的大力支持，使安小的孩子拥有优越的学习环境。

二、阳光管理众声喝彩

为了进一步推进我校阳光教育，促进学生养成良好的行为习惯，我校推行点赞卡奖励机制，实施阳光管理。从 2019 年 9 月开始，我校开展了“阳光少年”道德银行储蓄卡活动，学校设德育处为道德银行总行，每个班级即是分行，各班主任为分行长。为每位同学设立道德银行储蓄账户，对于同学们的拾金不昧、助人为乐、成绩优异、作业优秀、热爱劳动等各种值得表扬的行为奖励点赞卡，将点赞卡的分值和每天的量化情况得分填写在道德银行储蓄卡上，把无形的道德资产转化为有形的道德资本存入道德银行，使学生形成良好的行为习惯。道德银行建设活动，力求从小事做起，从点滴做起，从贴近学生日常学习生活的事情做起，引导学生培养优秀道德品质，真正实现学生品德修养提升的目标。

除此之外，我校还将德育活动化，将德育贯穿于教育教学全过程，开展了习近平新时代中国特色社会主义思想“三进”活动，垃圾分类、勤俭节约、党史学习教育等系列活动。不仅锻炼了学生的各项能力，而且培养了学生积极、乐观、向上的品质，促进学生的全面发展。

三、阳光课堂熠熠生彩

我校于 2012 年 9 月开始了生本教育的实验与研究，并于 2013 年 9 月在学校进行全面推广。2017 年 9 月，我们又依托生本教学理念，结合学校的办学特色，全力构建阳光课堂。阳光课堂以生为本，学生通过自主感悟→合作探究→互动评价→拓展延伸的方式，去发现问题→解决问题→总结方法→发展创新，让学生获得了主动学习的愉悦感和幸福感，激发学生的学习热情，使学生在互补促进中共同提高，使课堂教学焕发出新的生命活力。

2021 年 3 月，我校有幸加入由中国教师研修网和昌黎县教师发展中心共同组织的“指向核心素养的小学数学教学行动研究”联研项目。在专家的引领下，我们开展单元集体备课，并在学区进行联片教研活动，建立了专家引领、同伴互助、自我反思的常态化校本研修体系。

2021 年 5 月 18 日，我校又参加了昌黎县教师发展中心组织的“推进深度学习，落实核心素养”教研项目启动会，开启了深度学习视角下的单元整体教学设计与实施研究。我们将依托各研修项目，以生本教学实践为契机，以构建高效阳光课堂为目标，发挥教师集体的智慧和才能。

在我校的阳光课堂上，教师以倾听者的身份出现，适时地进行点拨和指导。让学生枯燥乏味的接受学习转化为主动学习，学生的兴趣浓了，思维活跃了，实践能力得到了锻炼。

四、阳光教师浓墨重彩

打造阳光教师队伍是学校发展的头等大事，是提升学校办学质量的关键环节。

（一）改善教师工作环境，让学校成为温暖舒适的家园

良好的工作环境是提升教师职业幸福感的首要条件。改善教师的吃住和办公条件是学校必须重视的。学校为住宿教师改造教工宿舍，配备洗浴室、空调等设施。创建温馨餐厅，关注教师的饮食，保证教师在校每一餐的营养和卫生程度达标、合格，保证教师们能吃好。为教师更换办公桌和椅子，大大提高了教师办公的舒适度。

（二）健全教师发展平台，让学校成为茁壮成长的家园

一是榜样引领。我校领导班子 6 个人，班子成员不仅在教学上任劳任怨，从不计较，而且在老师们最关心的评先选优、绩效工资和年度考核工作中，领导班子成员也表现出高姿态，从不和普通教师争抢。班子成员的表率作用在教师中引领了一股风清气正的潮流，使大家心往一处想，劲往一处使。

二是有效实施“青蓝工程”。学校选取有经验的中年教师作为师傅，与新任教师结对，通过开展跟岗学习、推门听课、同课异构等师徒结对活动，让新任教师有效、迅速成长，体会到职业幸福感。

三是充分开展校本研修活动。学校充分发挥教科研组织机构职能，有效开

展校本研修活动，让教师在教学中的疑难、困惑得到有效及时的解决，让他们不再因为困惑而产生职业焦虑。

四是多种方式促进教师专业技术发展。对于老教师，学校采取年轻教师帮扶老教师的办法，最终使老教师都愿意用多媒体进行教学，为使用微信和家长联系交流。对于年轻教师，我们注重思想引领，积极安排他们走出去参加培训，鼓励他们参加各种教学技能比赛，满足他们的专业成长需求。

五、阳光少年大放异彩

我校践行社会主义核心价值观，进一步深化课程改革，培养小学生良好的读书、写字习惯，促进学生全面和谐发展，丰富学校的办学内涵，以培养读好书、写好字、做好人“三好”阳光少年为育人目标。

（一）读好书，蕴养才气

根据本校实际，开展读书报告会、演讲比赛、读书征文比赛、古诗文诵背大赛、好书推荐等活动。为了给孩子营造一个良好的读书氛围，我们还鼓励家长和孩子共读。在家长陪伴下，每天课外阅读30分钟。要求家长每天填写一次“阅读记录卡”，如实为孩子做好阅读记录。每学期期末根据每周的检查情况评选出“书香少年”和“书香班级”。

（二）写好字，涵养灵气

语文教师认真上好每周一节的写字课。合理制订每个年级段的写字目标。低年级段：培养写字兴趣，学习正确的书写姿势，学会按照田字格写字，掌握汉字的基本笔画和常用的偏旁部首，能按笔顺规则写字。中年级段：了解汉字各种结构及其写法，练习用钢笔写字，养成主动写字的习惯，能使用硬笔熟练地书写正楷字，学会偏旁在字中的搭配。高年级段：要掌握钢笔字的正确书写方法，比较熟练地掌握钢笔书写中笔画和偏旁的写法及在字中的搭配关系，书写行款整齐，有一定的速度。

（三）做好人，修养正气

首先，上好思想品德课。充分利用思想品德课时间进行传统美德教育。其次，依托重要时段、重大节日开展系列活动。

我校“三好”阳光少年培育实施以来，成效显著。学生变得阅读兴趣逐渐浓厚，读书讲究方法、注重实效，阅读面比较广泛，阅读量逐步增大。学生写字时，能够端正态度，保持正确的坐姿和执笔姿势，掌握正确的写字方法，做到一笔一画，端端正正地写好每个字。通过活动的开展，学生学会了说文明话，办文明事，提升了爱祖国、爱父母、爱劳动、爱公共财物的高尚品质。

六、阳光课程绽放精彩

学校坚持走国家课程优质化、校本课程特色化的道路，构建具有艺体校本课程体系，形成以课程育人的魅力课程文化。

（一）开设必修的口风琴课程

口风琴课程为学校美育必修课。从 2021 年 3 月开始，学校利用下午课后服务的第一节时间，一至六年级学生增设口风琴特色课程，培养学生艺术爱好，让每个学生在小学阶段至少掌握一项艺术特长。同学们放下课本，拿起口风琴，吹奏出一首首优美的曲子。2021 年 6 月 8 日，我校的《走在大路上》口风琴表演在安山镇学区艺术展演活动中取得优异成绩。2021 年 6 月、12 月，我校举行了全校口风琴汇报演出。未来我校将把口风琴纳入校本课程，力求口风琴课程的内容系统化，评价体系化。

（二）开设必修的体育课程

为了认真落实《中小学德育指南》的要求，让小学生掌握一到两个体育技能，本学期开始，学校一、二年级开设跳绳课程，三至六年级开设篮球校本课程，主要通过体育课、大课间、课外活动和社团来提高孩子们的运动技能。

七、阳光社团丰富多彩

我校还结合孩子的年龄特点、爱好及特长，开设了合唱社团、篮球社团、舞蹈社团、厨艺社团、科技社团、非洲鼓社团等 31 个社团活动供孩子们选择和学习。这些社团覆盖了科技、艺体、实践等多个方面，丰富孩子的校园生活，使学生在学习文化知识的同时，积极地参与到社团活动中，从而促进学生的全面发展。

学校社团还注重学生的个性发展。孩子们可以结合自己的喜好与优势，自己选择感兴趣的、适合自己的社团活动，满足孩子的发展需求，从而促进他们的个性发展。我校还计划举行社团节，为孩子们搭建展示的平台。

在实施素质教育中，我校做了大量工作，亦取得了一定的成效，赢得了社会各界的认可。当然也会存在一些不足之处待以改进和完善，今后我们将进一步加强理论学习和实践探索，更新观念，提高认识，立足校本教研，为全面实施素质教育打下良好的基础。

（胡艳荣，河北省秦皇岛市昌黎县安山镇中心小学校长）

和而不同，雅而有致

安平县第五小学成立于 2017 年 9 月，坐落在县城最东边的城乡接合部。学校新建后，我从安平县青少年活动中心调入这所学校任校长。学校可容纳 36 个教学班，启用时只有 12 个班，即二至六年级的 6 个班由附近乡村小学整体并入，新招一年级 6 个班生源主要来自县城划片区域及周边的乡村。建校初期，全校共有 560 名学生，35 名教师，领导班子成员有书记、校长、副校长共 3 人。

一所城乡接合部的普通新建学校要想走好路子，需要校长有明确的办学主张和清晰的行动路线。结合学校生源、师资、区位实际情况，我们提出“和雅发展·健美成长”的办学理念。经过全体师生不懈的努力，探索走出了一条城乡接合部学校发展的新路子。

一、剖析办学理念，确定发展目标

办学理念，是教育理念的下位概念，是校长基于“办怎样的学校”和“怎样办好学校”深层次思考的结晶。从某种意义上说，就是学校生存理由、生存动力、生存期望的有机构成。办学理念的功能就是要回答学校的全部活动所涉及的三个基本问题：为什么？做什么？怎么做？这三个问题的答案共同解决了学校的终极问题。

一所学校办学理念确立后，全体师生不仅要嘴上能说得出，各项工作的开展表现在行动上，促使师生从心里真正爱上自己的学校，而且要乐于在学校里工作学习和生活。我校的办学理念是“和雅发展、健美成长”，其中“和”取和谐发展、和而不同之意，“和雅”为和美博雅。

将“和”“雅”深入剖析，我们确定了“四和”“四雅”培养目标：和而不同、和谐互敬、和谐互助、和谐共生；语言文雅、行为儒雅、情趣高雅、气质优雅。

二、落实办学理念，理顺培养路径

（一）和顺管理

学校以“和”的方式管理教师，用“和”的理念凝聚人心。教师队伍建设实行巩固提升和教育引领两种方法，通过以老带新的方式形成向心力。制度既体现“和”的约束，又凸显人情味。在“双减”政策下，学校对教师的管理多了些灵活性，增加了“调休制”和“亲情假”，即中午配餐的老师下午提前下班；值日、夜班教师都相应有弹性制度，让每一位教师的付出都被看得到，增加教师内心的幸福感，从而使他们更有耐心和责任心，更加积极地投入学校工作。

（二）和润德育

除落实各学科情感培育和思想道德目标，学校还相继开发“《雅颂》＋”“《雅韵》＋”系列校本课程体系，以文学和艺术相融合为基础，实现课程大融和，推动德育教育。

利用各种活动开展感化教育。2021 年是中国共产党成立 100 周年，为庆祝党的百年华诞，学校举行大型葫芦丝节目《红梅赞》，排练过程中，全体师生用旋律感悟英雄人物事迹，用音符传承红色基因，用红色力量指引人生之舵，奋力开创学校教育高质量发展新局面。学校组织开展教师及学生合唱红歌《英雄赞歌》《党旗更鲜艳》活动，在全校再次掀起颂党爱党热潮。组织全校教职工开展党史知识竞赛活动。通过活动使全体教师进一步了解中国共产党历史，感悟革命先烈不畏艰险、勇于牺牲的崇高风范及开拓进取的拼搏精神，感受中国共产党的伟大，从党史中读懂共产党人的初心。以和养德、以雅养心，传承中华美德，践行社会主义核心价值观。

（三）和乐课堂

学校实行教师集体“和”备课模式，主要做法是同案不同法，和中求异，异中求同，激励教师在备课中不断提高“乐教”的积极性。在课堂教学中充分体现教师主导学生主体作用，以集体点拨、激发个性、带动整体的课堂模式，实施“教”与“学”的和谐共振，打造“和乐”课堂。

（四）和美环境

民主、平等、和谐、温馨的育人环境是实施和雅教育的重要基础。学校为教职工建造了高标准自行车棚，彻底解决全体教职工的自行车日晒雨淋问题。充分利用功能室解决了离家远的教师午休问题，使教职工在生活上无后顾之忧，全身心投入到学校工作中。为减少家长们接送孩子的负担，更好地保障孩子们营养健康及上下学交通安全，我校作为全县配餐试点学校，通过多次召开班子会、家长委员会和全体教师会，做好准备工作，并联系配餐公司，暑期开学第一天成功为全校学生加配了营养午餐并保障午休工作。

三、深化办学理念，特色课程兴校

如果说“和”为办学方向，那么“雅”就是兴校特色。坚持五育并举，找准特色办学的着眼点，依托社团活动，我校着力开发雅诵、雅韵课程。

雅诵课程以读写诵读为主要内容，目前开展的主要学习活动是诵古诗、写散文。古诗词是中华文学宝库中的瑰宝，我们把诗词诵读从经典诵读中单列出来，辑录涉及农事、节气、送别、思乡、山水、边塞等各方面古诗词 180 首，分为必读和选读两部分，开发校本教材，命名为《雅诵》，供一到六年级学生使用。为增加学校文化底蕴，打造书香校园，丰富师生校园生活，激发师生阅读写作兴趣，培养写作能力，我发挥自己是县文联成员的优势，邀请作家协会领导，帮助学校成立“春苗文学社”。这些活动让读写诵读成为一体，让师生快乐、灵气、睿智；让校园诗意、灵动、和谐。

《雅韵》+葫芦丝、陶笛、竖笛、合唱校本课程体系。雅韵课程以吹唱弹奏为主要内容，在葫芦丝社团、陶笛社团、竖笛社团、合唱社团的基础上，纵向打通、横向融合，让全校各年段的社团学生都参与到以学年为单位设计的序列化活动中来，让社团活动有目标、有任务、有设计、有评价，精选有教育意义的传统曲目和现代曲目，在社团活动中建构课程，在活动开展中丰盈人生底色，培养家国情怀。

从成立初的 12 个班 560 名学生、35 名教师，到现在的 30 个教学班，师生 1600 名，老百姓用实际行动投票，认可了学校办学。我们的工作虽然取得了成绩，但仍处于起步阶段，制度的细化、教师的培养、课程体系的建设，这些重点工作仍有很长的路要走。我们幸运地赶上新时代教育改革的好时机，也赶了上重教支教的好氛围，赶上了义务教育均衡发展的好政策。在上级领导的信任关怀下，我们一定不忘初心、牢记使命，鼓舞并鞭策自己不断提升领导力，做有光有爱的教育者。

（庞晓红，河北省衡水市安平县第五小学校长）

品牌教育让农村小学迸发生机

四神庄小学是一所地地道道的农村小学，坐落于五村交界处，农田环绕，满目生机。如何能让这里的孩子如庄稼般茁壮，如何能让这所学校如周围的农田一样迸发生机？这是我担任校长以来思考并着手解决的首要问题。

这所学校的定位是传统文化特色校，我继续沿用这一思路，带领全体教职工在继承的同时创新开展特色品牌教育。以“优秀传统文化教育”和“主题教育”为抓手，以国家、地方、校本三级课程和丰富活动为载体，分类推进，将学校品牌建设活动系列化、课程化、模式化、学段化和常态化。突出活动开展的可操作性、实效性和创新性。优秀传统文化教育主要通过经典诵读、社团活动、劳动教育、特色课间操四个方面开展。

经典诵读陶冶品德。为传承中华经典、开发学生心智、陶冶学生品德，结合学校仁爱教育核心理念，我们开展了经典诵读进课堂活动，我们采用“5+2模式”(即课前五分钟，每周两节经典诵读课)，建立了一年级诵读《弟子规》、二年级诵读《孝经》、三至六年级诵读《中庸》《论语》的规范化国学诵读体系。并且每年开展一次“童蒙养正　做新时代好少年”主题活动，邀请家长参与，让传统文化不止流于表面，而是使学生甚至家长都能够领悟其精髓与内涵。

民俗社团传承文化。我校开设了龙狮、非遗、剪纸三大社团。组建龙狮社团旨在让学生继承和发扬传统民俗，同时培养学生的合作精神、团队意识、增强学生之间的信任。从知龙、画龙、做龙再到舞龙，我校龙狮社团 2016 年以来，先后参加了多次区级市级的演出和比赛，取得了多项可喜的成绩，赢得了广大家长的支持与赞扬，取得了良好的社会效应。2017 年获得区级“特色学校”荣誉称号，2018 年获得了“全国中小学舞龙舞狮教育示范学校”的国家级荣誉称号。近几年，我校不断创新，将传统的大鼓、狮舞与现代舞蹈结合起来，创作出舞蹈“鼓韵狮魂”，既传承了经典，又具有时代意义。非遗社团传承了河北省非物质文化遗产项目“篓子秧歌”。我们的道具篓子都是老师、家长及学生一起动手制作的。在制作表演过程中，使学生充分感受到了劳动人民的朴实及父母劳动的辛劳。剪纸社团有剪纸长卷作品《弟子规》《论语》等，这些作品在被社团学生一刀一刀的刻画出来的过程中，既培养了学生的动手实践能力，又教育学生知礼、懂礼，使学生养成良好的行为习惯。学生在充分阅读了解名著人物的基础上，还创作了以金陵十二钗、二十四孝、水浒传等为主题的剪纸，把我校的“大语文”阅读目标与剪纸充分融合起来。

劳动课程健全心智。2018 年习近平总书记在全国教育大会上发表的重要讲话中指出，要培养德智体美劳全面发展的社会主义建设者和接班人。劳动教育成了小学教育必不可少的内容。因此，我们以传统文化为依托，将美育教育融入课程，设立创意美劳 DIY 工作坊，分为纸艺和布艺两个区域。纸艺在我校剪纸特色的基础上增加撕纸、折纸、卷纸、立体画创作等课程。布艺即指布上的艺术，是古时期中国民间工艺中的一朵瑰丽的奇葩，是以布为原料，集民间剪纸、刺绣等制作工艺为一体的综合艺术。开设儿童“手工布艺”特色校本课程，通过这种手脑结合的体验活动，培养学生的色彩搭配和立体造型能力，为学生提供一个广阔的探索空间，让学生在实践的过程中获得丰富的制作经验。我们还将探索制作学生个人成长记录册，把每个学生小学阶段的作品分门别类的收录其中，通过保留和对比观察每个孩子的发展变化，这也将成为送给每个孩子最好的毕业礼物。

创意韵律操让课间操生动别致。我们还结合自身发展理念，将古诗背诵与广播操相融合，将课间操发展成了古诗韵律操，同学们边背古诗边做操，学习热情高涨，既锻炼了身体，又积累了传统文化知识，还陶冶了情操。丰南电视台《走进乡村看小康》栏目、新华网、人民网等多家媒体对我校的韵律操做了特别报道。

主题教育相得益彰。传统文化课程丰富多彩，主题教育活动则与其相得益彰。为推进传统民俗传统节日进课堂，我校同步开展了主题教育月活动，并以此为主线，继续推进“清明、端午、中秋、重阳”四个传统节日进课堂活动。三月“学雷锋活动月”进一步推动我校学雷锋活动的深入和持续开展，弘扬中华民族服务他人奉献自己的传统美德；四月“传统节日教育月”通过系列活动的开展，教育学生“敬怀先人、珍惜美好幸福生活”，文明祭扫，度过一个有意义、充实的清明节；五月“感恩教育主题月”，以五一国际劳动节和母亲节为契机，教育学生热爱劳动，敬老爱亲；十月“红色基因传承教育月”旨在把传统节日教育、红色文化教育引进校园、走进课堂、进入学生的心灵，用红色文化引领学生健康成长。同时我们还开展了“二十四节气与我同行”专题活动。传播科学思想、弘扬科学精神、普及科学方法，把二十四节气的科普知识渗透进教育教学之中。

这些课程和活动的开展真正让每一位学生参与进来，既传承了经典又丰富了孩子们的课余生活还培养了学生的良好品德。通过品牌教育活动提高了学生的综合核心素养，达到“五育并举”的育人效果。“路曼曼其修远兮，吾将上下而求索。”我相信通过我们的不断坚持与完善，我校的孩子们通过小学六年传统文化的浸润与滋养，一定会是腹有诗书，身负特长，身心健康，文质彬彬的儒雅君子。

（宋晓林，河北省唐山市丰南区岔河镇四神庄小学校长）

劳动教育引领发展

乐亭县乐亭镇育才小学自 2006 年建校以来，大力推广劳动教育进校园、进课堂活动。目前我校劳动基地室内外面积共 4200 平方米，每年老师们结合时宜和同学们一起劳动，一起收获。我校每个年级每周设立了一节劳动课，劳动课由校长亲自带领一至六年级学生学习。同学们在校内校外劳动中付出的是汗水，收获的是幸福。

一、稻花香里说丰年，劳动课上话感恩

稻米是家家饭桌上不可缺少的主食，为了让学生对稻米了解更彻底，我校 2020 年春天种植了旱稻。孩子们通过参与播种、施肥、浇水、拔草的管理过程，深深体会到父母、农民田间劳作的辛苦。稻谷成熟，学生还观看了收割、晾晒、磨米的过程。放学后回到家里，在家长的帮助指导下，用通过自己的劳动收获的大米做成了香喷喷的米饭、白米粥，吃起来分外可口香甜。同学们每次参与劳动后，都会在日记本上记录自己的劳动感想与收获。学校还开展了“小手拉大手，感恩一起走”的劳动主题活动，受到家长领导的一致好评。

二、红豆生北国，劳动最快乐

2021 年初夏，我校种植了大面积的红豆。在校长的亲自示范引领下，同学们学会了种植红豆，大家从勾垄到点种，再到盖土、踩地，同学们学得非常认真，都掌握了种植红豆的步骤和要领。同学们利用劳动课给红豆除草、浇水、施肥，劳动过后编写红豆种植手抄报，撰写红豆种植劳动日记，抒发对劳动人民的感恩与热爱。到了红豆收获的季节，孩子们拿着盆、拿着桶，兴高采

烈地来到红豆基地，采摘成熟的豆荚。放学回到家中，在家长的帮助指导下，学做红豆饭、红豆沙、红豆粥、红豆饼等美食。同学们还搜集了大量关于红豆的常识用于录制视频、编写手抄报，与同学们分享收获，在劳动中享受学习的快乐。

三、瓜果梨桃营养好，萝卜白菜惹人爱

为了让孩子们不挑食，我校在劳动基地种植了各种各样的蔬菜与水果。春天，同学们在老师的带领下播种油菜、小白菜、香菜、油麦菜、珍珠水萝卜、茼蒿、茴香等适合北方种植的蔬菜，在同学们的精心照料下，各种蔬菜长势旺盛，大家通过画笔描绘出自己播种的春天。采一把青菜，给妈妈的餐桌上添一道自制的小菜，让家人与自己共同分享劳动的果实，成为我校劳动课的活动主题之一。在老师和同学们的引领下，以前那些不爱吃蔬菜的同学们都爱上了吃蔬菜。我校还有杏子、桃子、柿子等水果，在老师的带领下，同学们学会了疏果、压枝、修剪、采摘等果树必备的生长过程。秋天，菜园里的白菜、萝卜、大葱等在同学们的精心照料下，长势喜人。收获后，同学们在老师的指导下学包饺子、烙肉饼，大家咬上一口亲手包的饺子、烙的肉饼，心里美滋滋的。

四、葫芦南瓜爬满架，劳动能手厨艺佳

我校还建有长廊，长廊架上爬满了葫芦、南瓜、丝瓜、蛇豆等攀爬植物，同学们下课总喜欢到长廊架下看看这个，望望那个，大家互相说说这个像什么，那个像什么，个个都是那么可爱。冬天，同学们利用自己的画笔，在美术老师的指导下给各种各样的葫芦描绘出心中所想的画面，其乐无穷，收获颇丰。同学们在家长的指导下学做南瓜粥、南瓜饼、南瓜糊等，让健康伴随学生快乐每一天。以前有很多学生不吃这不吃那的，自从我校开展了我是“厨房小能手”的劳动实践主题活动以来，家长们都说孩子在家不挑食了，爱吃蔬菜了，大家都很欣慰。

五、药材种植进校园，中医中药文化传

从今年深秋开始，我校将大面积多品种种植中医药材，为学生提供学习实

践的中医药劳动基地，引导培养学生掌握中医药基本常识，激发学生学习传承中医药文化，开启学生中医药学习旅程。

（安树凤，河北省唐山市乐亭县乐亭镇育才小学校长）

素养奠基人生，品质成就未来

隆化县步古沟镇西庙宫中心小学地处偏远，重重叠叠的群山挡住了我们的视野，却阻挡不了西小教育人对美好教育生活的追求和向往。从建校到现在的60多年，一代又一代的西小教育人为了追求美好教育生活拼搏奋斗，也将甘守清贫、乐于奉献的宝贵精神代代传递。2014年，趁着我县新教育实验改革的春风，我校将“过一种幸福完整教育生活”作为奋斗目标，将“营造书香校园、构建理想课堂、推进每月一事、家校合作共育”作为行动途径，走上了一条新教育的探索之路。

一、营造书香校园，让阅读成为滋养学生素养和品质的营养液

著名教育家苏霍姆林斯基说过，“让学生变聪明的方法不是补课，不是增加作业量，而是阅读，阅读，再阅读”，可见阅读的重要性。如果想拥有一个完美智慧的人生，就必须从读书开始，一本书就是一个神奇的宝藏，里面既有天文地理、自然百态，又有民俗风情。读书，能改变一个人的思想灵魂，能改变一个人的生活态度，能改变一个人的行为习惯，更能改变一个人的素养和品质。

为了激发学生的阅读兴趣，培养学生的阅读品质，我们把“晨诵、午读、暮省”作为学校课程，在三至六年级开设阅读课，确保学生每天都有一节课的读书时间。学校图书馆全天开放，班级内开设特色图书角，在各年级段开展读书“漂流”活动，助力学生实现每月读一本书的梦想。上学期，在语文教师的推荐下，我们为低年级学生购入了《阿良造纸》《彩色小兔》《珍贵的友谊》等30多本优秀绘本，为中高年级学生购买了30套《金麦田品格教育精品阅读》。

这套品格教育图书深受小读者的喜欢，因为图书中的每一个故事都细腻而温暖，每一段文字都平凡而深刻。学生们常常边阅读边讨论，很多学生还会主动把书中的故事讲给自己的家人。我们相信，阵阵馥郁的书香，不仅可以陶冶同学们优雅的气质、不俗的谈吐，还能培养出同学们高洁的情操、豁达的心志、完善的品格。为学生购买适宜阅读的图书，投资很小但回报巨丰。

二、构建理想课堂，让课堂成为培养学生素养和品质的主阵地

余文森教授说过："核心素养的内涵包括核心知识、核心能力、核心品质，但不是它们的简单相加。任何一门学科的目标定位和教学活动都要从素养的高度来进行。价值引领、思维启迪、品格塑造是学校和教师的三大核心任务。"理想的课堂不是知识满堂灌的课堂，而应该是培养学生素养和品质的课堂。

我们倡导把课堂变个模样。语文课要给学生一个"情感的课堂"，体现语文学科的"人文性"，注重"溶情"，达到"登山则情满于山，观海则意溢于海"的效果；数学课要给学生一个"交流展示的课堂"，以问题为导向，以探究为核心，激发学生的数学思维，培养学生利用科学方法解决问题的能力；英语课要给学生一个"表演的课堂"，让学生在表演中巩固所学知识，提升自己的口语表达能力，使枯燥的课堂变得生动有趣；科学课要给学生一个"开放的课堂"，让学生在观察、实践、感悟中发挥自主探究的精神，促进学生更好地开展科学探究活动。通过大家的不懈努力，我们的课堂改革初见成效：师生积极、乐于自学、坦诚交流、展示自我、敢于说不、勇于创新。学生的能力得到充分的锻炼与提高，教师的角色发生根本转变，开始高度关注学生情感发展，着力培养学生良好的素养和品质。如今的课堂充满了碰撞的激情和生命的活力。

随着一批批新教师的到来，我校开齐开足课程成为现实。道德与法治、体音美等过去一直退居二线不受重视的学科逐步成了培养学生素养和品质的主阵地。课堂上教师不再简单说教，而是利用插图、案例、故事、视频等材料，提出有价值的问题，让学生展开激烈的讨论、争辩，分析道理，明白事理，从中对学生进行法治观念的渗透和道德品质的教育，使学生获得情感体验，激发道

德的感悟，促使品德内化。从一张张手抄报到别开生面的模拟法庭，从生动的讲座到每个班级品德之星的诞生，无不渗透着师生的努力、学生品质的提高。

在构建体育理想课堂的过程中，教师注重感情投入，课堂上用体育教师特有的人格魅力去感染学生，赢得孩子的尊重、信任和拥护。学生通过参与体育活动陶冶情操，增强体质，形成自尊、自信、团结协作、不怕困难的良好品质。课中老师把激情、微笑、情趣带入课堂，关心、爱护每一位学生，在这种和谐的情感氛围下，学生才能以一种自由、放松的心态投入到学习中。课后将快乐运动、阳光自信的种子播种在学生心中。

通过美术课堂，激发学生学习美术的兴趣，培养学生的创新能力和动手动脑能力，在丰富的文化情境中认识美术，逐步体会美术学习的特征，形成了基本的美术素养和审美能力。在布置班级的时候老师身边有了主动参与的小美术家，在手工制作评比的时候，同学们交出了完美的作品。孩子们用他们的眼睛评判着美，用小手创造着美。

三、推进每月一事，让良好习惯成为培养学生素养和品质的行动路径

朱永新教授说过："我们用'习惯'一词，希望强调素养形成的行动路径，希望以习惯倒逼素养的落实，以外在结果倒推内涵培育，通过'每月一事'的习惯养成，重塑人的第二天性，形成稳定的价值观，塑造良好的人格品质，创造幸福完整的人生。"为此，我们结合学校实际和地域特点，建立了以"诚信、助人、明礼、砺志、勤学、自信、感恩、遵规"为主题的八大教育主题活动，实行一月一主题，一月一实践，一月一评价，一月一总结的形式，这也是学校校训和育人目标的集中体现。

每月第一周的升旗仪式上，由带班领导按照计划，开展主题教育的启动仪式，明确本主题教育的相关要求，布置活动任务，落实监督责任，然后由德育处负责组织实施。比如，12 月份开展感恩教育主题活动时，我们把主题又进行了细化：一、二年级为感恩父母，要求同学每天为父母做一件简单的家务，每天帮父母捶捶腿，每天父母把我们送进学校时要说谢谢您；三、四年级为感恩教师，要求同学每节下课要全体起立齐说老师您辛苦了，每人给老师做一张

贺年卡片，每人给老师写一封感恩信；五、六年级为感恩同学，要求每天为你的同学讲一道题，每天替你的同桌打一杯水，对帮助你的同学要说谢谢。这些细节由班主任负责统计学生的完成情况，上报德育处，在全校评选出感恩之星进行表彰奖励。我们就是要通过这些具体的小事养成学生的良好习惯，从而培养学生感恩的优秀品质。

我们还把主题教育活动与学校每学期的开学典礼和主题校会相结合，春季开学，我们召开“学雷锋，创三好”主题校会，以此培养学生乐于助人的优秀品质；秋季开学，我们召开“学规范，见行动”主题校会，主要培养学生遵规守纪的良好品质。

四、家校共育，让家长成为培养学生素养和品质的第一责任人

2016 年习总书记在接见第一届全国文明家庭代表时强调：“广大家庭都要重言传、重身教、教知识、育品德，帮助孩子扣好人生的第一粒扣子，迈好人生的第一步台阶。”总书记用十分通俗、形象、准确的语言强调了家庭教育的重要性。只有学校和家庭、教师和家长协调一致，才能形成教育的合力，避免形成教育真空，使孩子在学校、在家庭都能得到良好的教育，从而培养学生优秀的素养和品质。

为了把家校共育落到实处，首先，我们建立和完善了家校合作的组织协调机构。成立了班级、年级、学校三个层面的家校合作委员会，聘请在村里比较有威望、对孩子家庭教育比较重视、对学校教育比较关注的家长作为委员会成员，让他们监督学校的工作，参与学校的重大决策，宣传学校的工作思路，起到学校和广大家长之间的纽带和桥梁作用。其次，我们建立了家长学校。成立了由学校领导班子和优秀教师组成的家长学校讲师团，定期召开家长学校培训活动，提升家长的教育素养。家长会上，评选一部分优秀家长做家庭教育经验介绍，讲述他们与孩子间的教育故事，分享他们培养孩子优秀品质的方法。最后，建立正常的教师与父母沟通交流的机制，要求每班班主任建立班级家长微信群，月初把本月主题教育的内容，如本月要培养学生什么品质、养成什么习惯、在家里做到哪些事情，详细地发到微信群里，让家长明确方向并监督孩子。对平时的学校活动、班级活动、学生在校的良好表现、学生的优秀作业、优秀作品、优秀作文等及时在微信群中发布，让家长每天都能了解学生在校学习和生活情况，对于个别违纪学生要通过电话或上门家访及时反馈给家长，寻求他们的帮助，形成教育合力。通过大家的共同努力，家长的教育观念有了极大转变，对学校育人工作有了更多的支持，家长与教师与学校的关系更加融洽，为孩子美好未来的发展，为培养孩子优秀的素养和品质奠定了坚实的基础。

既然选择了新教育，就选择了改变，师生行走方式要改变，课堂要改变，对学生的评价方式更要改变。孩子要在鼓励中成长，这是教育人的共识。正确的评价方式可以让学生找到自我，找回自信，健康快乐地成长。为此，我们结合八大主题教育活动推出了学生星级评价体系，每月一主题，每月一评价，伴随着一颗颗诚信之星、助人为乐之星、明礼之星、砺志之星、勤学之星、自信之星、感恩之星、遵规之星的诞生，我们的素养品质教育不断前行。其实，在我们广大新教育同人的眼中，每一名学生都是一颗星，只不过有的暂时蒙尘生锈而无光，有的闪烁着光芒。我们没有抱怨，而是用心灵去擦亮每一颗星。我们是擦星人，为幸福而来，和学生一同书写生命的传奇，打造教育梦想，一心筑梦。

只要行动就有收获，只有坚持才有奇迹。教育永远没有最好，只有更好。我们新教育的航船扬帆逐梦，不断探索，收获芬芳。校园里琅琅的读书声、有特色的完美教室、孩子快乐的学习生活、一声亲切有礼貌的“老师好”都让我们感到了收获满满。今后，我们定会踏踏实实，一步一个脚印地办出更加惠泽师生的有特色的新教育。让学校“素养奠基人生，品质成就未来”的核心理念实现得更稳更快。

为了过上幸福完整的教育生活，我们选择了新教育实验；为了做幸福的教育人，我们放飞了新教育的梦想；为了做幸福的教育人，我们将在新教育实验的路上继续奋勇前行！

（菅晓坡，河北省承德市隆化县步古沟镇西庙宫中心小学校长）